経済教育実践論序説

大阪教育大学経済教育研究会 編

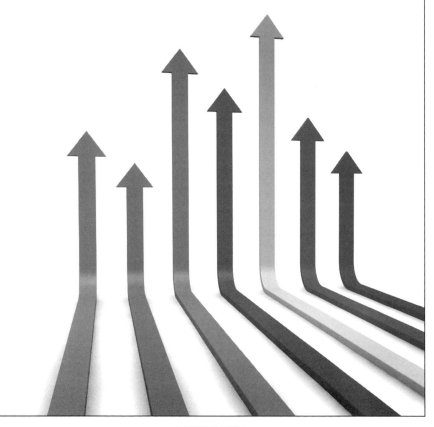

大学教育出版

は し が き

　本書は、本文 11 章で構成されている。第 1 章と第 2 章は小学校、第 3 章から第 7 章までは中学校、第 8 章は高校、第 9 章と第 10 章は大学、このように各学校級および大学の経済教育について論じている。最終章の第 11 章は日韓の国際比較研究の視点から経済教育について論じている。本書の特徴の一つとして、中学校を起点として、前後の小学校と高校を結び付ける経済教育の系統性を意識し、そのような問題意識を反映した章編成を組んでいる。したがって、起点となる中学校の経済教育に関する内容の分量が多くなっている。小学校社会科では学習指導要領上、厳密な意味での経済教育が求められているのではない。内容は産業学習に止まっている。経済について本格的に学ぶのは、中学校社会の公民的分野からであり、また義務教育課程であることから、特にその授業実践を重視した。

　筆者は、2014 年 8 月に韓国のソウルで開催された、韓国経済教育学会にて日本の経済教育の特徴について、韓国の経済教育との比較を念頭に、筆者なりの考えを報告したことがある。その報告内容を再整理して、本書の執筆者たちの各章（研究論文）と関連させ、ここで少し述べてみたい。

1　日本の経済教育および経済教育研究の特徴

　第 1 に、指摘しておきたいことは、日本の経済教育研究ではなく、経済教育そのものに対する特徴であるが、それは米国経済教育の影響を韓国程には受けず、日本的、独自的な内容の色彩が濃いということである。日本でも米国経済教育に関する研究は影響を受けているかどうかは別として数は多いが、日本の学校における経済教育そのものに対しては、影響は大きくない。このことは言い換えれば、日本の文部科学省は経済教育に対する認識が弱いのと同時に、経済学という学問的アプローチの必要性をそれ程重視していないことを物語って

いる。

　山根栄次は、前回改訂の『中学校学習指導要領解説社会編』2008年9月に見られる経済の内容において、次の3点をとりわけ指摘している[1]。①市場経済の基本的な考え方、②金融の仕組みや働き、③財源確保と配分という観点からの財政の役割を考えさせる。

　①の意味について『解説書』は、以下のように説明している。

　　　一般に、人間の欲求は多様で無限に近いものであるのに対し、財やサービスを生み出すための資源は有限であり、生み出される財やサービスもまた有限である。そこで、所得、時間、土地、情報などの限られた条件の下において、その価格を考慮しつつ選択を行うという経済活動がなされるのである。

　　　したがってここでは、市場経済において個々人や企業は価格を考慮しつつ、何をどれだけ生産・消費するか選択すること、また、価格には、何をどれだけ生産・消費するかにかかわって、人的・物質的資源を効率よく配分する働きがあることなど、市場経済の基本的な考え方を具体的な事例を取り上げて理解させることを意味している。

　　　なお、市場経済においてこれらの選択を行うに当たっては、あるものをより多く生産・消費するときには、他のものを少なく生産・消費しなければならないことがあることに気付かせることが必要である。

　この解説において我々は、市場経済の基本的な考え方を学ぶ際に「希少性」「選択」「トレード・オフ」といった基礎的な経済概念が含まれていることがわかる。このことは、文部科学省（学習指導要領）が米国的な経済学（日本では近代経済学と呼ばれている）を普遍的なもの（世界標準）と受け入れていることを意味している。しかし、『解説書』には「機会費用」の経済概念を見つけることはできない。Opportunity Cost の日本語訳に該当する「機会費用」は、中学生が理解するには難しいと考えているからであろう。

　日本でも、中学校社会科の教育課程で合理的意思決定の育成を目標とするのは、韓国と同様である。その際に「機会費用」という経済概念の習得は有益であり、重要でもあると考えられるが、発達段階に応じて「難しい」と判断し、学ぶ内容に含ませないのであろう。肯定的に見れば、今日の教育全般に通じる

日本的な考えがよく表れている。

　裴論文、第 11 章の前半部分は、では隣国の韓国ではこれらの学習（「希少性」「機会費用」「合理的選択」）をどのように行っているのかを考察し、示唆点の提示を試みている。

　山根が指摘した上述の②、③に関わって本書では、②は奥田論文の第 7 章が論じている。同論文はこれまでの学習指導要領の考察を行い、金融学習における歴史的変遷を明らかにし、先行の実践研究をサーベイしつつ、金利に焦点を当てて、自らの授業実践を展開している。③は高山論文の第 10 章において、財政の中心である租税に関して、租税教育として考える際の根底的な視点について論じている。課税根拠論を学ぶことによって、課税の真理を知り、税について考える（教える）際の深い教養を提示している。

　第 2 に、日本の経済教育では学校教育、とりわけ中学校社会科、高等学校公民科において学習テーマを設定し、豊富な内容と多様な方法論を駆使した学習業指導案を作成する研究が盛んに行われていることである。例えば、岡山大学の桑原は小・中・高の社会科教育全般に亘って研究論文を著しているが、経済領域と関わっては、桑原・佐藤・小笠原（2009）や桑原（2012）などがある[2]。

　前者は中学校教師、大学院生との共著であり、単元名、小単元「地域格差問題をどのように解消するか ─ これからの私たちの地域のあり方」と題し、第 1 ～ 6 時分の単元の目標、単元の全体構造、単元展開を詳細に記し、「中学校社会科公民的分野教授書」として作成されている。後者では単元「きれいな街路は誰が？」、─ 効率と公正を習得させるプラン ─ という副題を有し、第 1 ～ 2 時分の目標、学習の展開が記述されている。栗原（2007）では、「山小屋の缶ジュースはなぜ高い」というテーマの学習指導案を縦軸に段階（1）～（7）、横軸に「授業者からの指示・発問等」「予想される解答・反応」「指導上の留意点」の項目を設け、詳細に作成している[3]。大杉（2004）では、高等学校、政治・経済「現代日本の政治や経済の諸課題」という単元で、「『効率』と『公正』を考える島のフェリー運航」というテーマで詳細な授業モデルを提示している。6 つの学習目標を立て、縦軸に「導入」「展開Ⅰ・Ⅱ」「終結」横軸に「教師の指示・発問」「教授学習活動」「資料」「学生に獲得させる知識」を項目と

する学習指導案をここでも作成している[4]。

　このように日本では小・中・高等学校の教師たちによる研究だけでなく、大学教員たちの中でも社会科教育を専攻する教科教育の研究者は、実際の学習（授業）指導案までも作成する。彼らにとって結局は「実際の教育現場における授業内容・方法をいかに良くするか」が、最も重要な研究であるという考えに起因するからであろう。

　本書では、安野論文の第1章、武部論文の第2章、奥田論文の第6章、大塚論文の第8章で、学習指導案・授業デザインを提示した実践研究が論じられている。第1章は、執筆者が目指す子ども像を設定し、学習内容の整理を通して、コンビニエンスストア、TPPを題材に生き生きとしたアクティブ・ラーニングの実践を可能にする内容が込められている。第2章は、「経済体験学習」のカリキュラム・マネジメントモデルと「逆向き設定」を取り入れた授業デザインを開発し、実践を行い、児童へのアンケート調査の実施と振り返りを展開している。第6章は、まず「深い」学びの先行研究の議論を整理し、経済教育の実践の中でのそれを追及している。この「深い」学びに基づいた学術アプローチと「お祝いの手紙」を駆使した実践がこの章の特徴を成している。第8章は、高校における新科目「公共」を想定した授業、分業と交換および金融の学習におけるゲーミフィケーションの利用とアンケート調査の結果について論じている。

　これらの章はいずれも生き生きとしたアクティブ・ラーニングを通じた、授業実践を中核においた研究成果を記している。

　第3に、これも日本の経済教育研究ではなく、経済教育そのものに対する特徴であるが、それは韓国と比べれば、日本では小学校社会科において経済教育が体系的に行われておらず、部分的な産業教育に止まっており、一方、中学校社会科公民的分野の経済教育では特定の分野に偏重せず、浅く幅広く網羅的に内容が編成されていることである。例えば、「市場経済の仕組み」に関わる教科書の分量は、日本では4ページ、1コマ授業分であり、韓国の22ページ、大単元扱いと比べれば、雲泥の差がある。その代わり日本では韓国であまり見られない「市場の失敗」、財政や政府の役割、社会保障などに関する記述がある。

　ただ、韓国では小学校と中学校の経済教育には連続性があり、中学校では小学校で学んだことの内容・知識・考え方を発展的に継承しているが、日本では断絶性の方が大きく、学生たちは中学校で初めて経済を学ぶように感じるという問題がある。

　上述したように、韓国に比して日本の経済教育では市場経済について量的には遥かに少ない分量で教えるだけであり、内容的にはその「仕組み」すなわち構造と制度について、その進歩性・メリットを強調し、教え込むということはない。むしろ、日本の経済教育学者たちは市場システムがもたらす負の側面、矛盾、限界などを注視する傾向がある。近年、盛んに問われている経済倫理について、彼らもいくつかの研究成果を著している。例えば、猪瀬（2008）、新井・山田・栗原（2009）、猪瀬・高橋・山根・栗原（2012）、山根（2016）、猪瀬（2019）がある[5]。

　第4に、学生の経済学理解度、経済リテラシー、パーソナル・ファイナンス・リテラシー等を測り、科学的で精緻な実態把握分析が行われていることである。例えば、山岡および浅野等による一連の研究を挙げることができる。彼らの研究対象である学生は、中学生・高校生・大学生を網羅し、対象国は日本を始め、米国、韓国、フィリピン、ニュージーランドに及び、これらの国々との国際比較を行っている。「山岡道男教授略歴・業績一覧」によれば、初期には1990年に発表された研究論文があるので、今日まで30年の長きに亘って研究実績が積み重ねられている[6]。

　本書では、乾論文の第4章で、生徒たちの経済リテラシーを計る経済単元の習得確認テストを実施し、生徒たちが経済に関するどのような部分に「つまずき」を持っているのかを明らかにしている。

2　日本の経済教育研究において残されている課題

　日本の経済教育研究においては、これまでの研究動向の全体像を鳥瞰し、サーベイした研究論文はほとんど見られないように思われる。ただ、JEEAの創立10周年記念シンポジウムにおいて、「日本の経済学教育 ― 回顧と展望 ―」

という共通論題の下で、藤岡惇が報告された論考「経済学教育学会（前史を含む）の 10 年間 ── その回顧と展望」を載せているが、内容は学会創設の背景、目的、これまでの歩み、今後の課題など、概略的なものである。

したがって、日本の経済教育研究の残されている課題としては、第 1 に、研究全体の動向や傾向を批判的に追跡し、現時点での成果と問題点を明らかにする作業を行っていく必要があろう。このようなサーベイ研究論文を著そうとすれば、既存の諸研究を分析・考察する際に、どうしてもそれらに対する批判を伴わざるを得ないが、学問を発展させるための論争は重要であり有益である。

関本論文、第 3 章は、研究全体ではないが、中学校経済教育における見方・考え方に焦点を当てて、これまでの文献調査による執筆者独自の分析と整理を行い、経済教育カリキュラムを構想している。

第 2 に、内容や方法論が主観的・論証的な研究だけでなく、客観的・実証的なものを伴う研究が今後は一層重要なのではないか、と考える。

社会科教育の多くの実践と同様に、経済教育の多くの実践も「このような内容と方法が望ましい」という主観的・論証的な研究に止まっており、客観的・データ的に内容および方法における卓越性を証明することができていないという課題がある。

この問題を克服しようとしているこれまでの研究が、上越教育大学の山本友和の一連の研究である。山本・猪又（2002）、山本・田村（2008、2010、2012、2013、2014）がそれに該当する[7]。これらの研究がどのように先の問題を克服しているかといえば、山本・猪又（2002）においては自分たちが提示する独自の授業内容および方法論を学校の授業で「実験班」に実施し、従来の授業内容および方法論で行われた「対照班」の授業結果（経済リテラシーを問う、設問に対する正解度の数値）と比較することによって、自らの研究の有効性を証明しようとしているからである。

また、山本・田村の諸研究ではいずれもが、自分たちが提示する独自の授業内容および方法論を学校の授業で実施し、経済に対する理解・興味・感心などが「授業前」と「授業後」を比較して、後者の「授業後」の数値が高まっていることをもって、自らの研究の有効性を証明しようとしている（調査サンプル

数は学級1～3に過ぎない。実数でも数十人規模に過ぎないという限界性はあるが)。

金子 (2017) は、教師がどのような経済概念を説明しうるか、できないか、豊富なアンケート調査を行い、いわば「教師のつまずき」を明らかにしている[8]。そして、金子 (2018) では、その「つまずき」を克服する貴重な実践を提示している[9]。

本書では、乾論文の第5章において、前章の経済単元の習得確認テストの分析結果から明らかになった、「生徒のつまずき」やすい問題の傾向や、教師の授業方法および教材理解の課題などに対して、生徒の本来の学びを取り戻していくために、3つの授業改善案を示している。その際、平成29年度告示の学習指導要領の目標に沿い、「学びに向かう力・人間性等」主体的に取り組む態度、「思考力、判断力、表現力等」の育成、「知識及び技能」の習得の3つの観点を評価の規準として用いている。

第3に、社会科(中学校)および公民(高等学校)における経済教育研究の場合、もう少し経済学の理論的葛藤が必要なのではないかという論考が見られることである。例えば、日本では前回 (2008年) の中学校社会科公民的分野の学習指導要領改訂において、「現代社会をとらえる見方や考え方の基礎として、対立と合意、効率と公正などについて理解させる」という新たな文言が導入された。学習指導要領や教科書では、結局物事を決める際の見方・考え方として、対立と合意、効率と公正といった視角が有効であり、学級、町内といった「社会」での適用を例とし、ひいてはそれが政治の領域(政治的意思決定)にまで援用し得ることに導いていく。また、この後半の効率と公正という部分を経済の領域に援用し論じる、経済教育の研究論文も少なからず著されている。

平成21年版 (2009年版) の『高等学校学習指導要領解説公民編』では、次のように述べられている。

　　　中学社会科公民的分野における経済的内容の学習を踏まえ、経済的な選択や意思決定においては、効率を追求することが目指されるが、それは公正な所得の分

配を必ずしももたらすものとはならないこと、逆に公正の観点だけでは資源の配分が非効率になり、経済発展を阻害することにもなることがあり、現実の経済においてはこのような効率と公正を調整し、両者がともに成り立つことが要請されていることに気付かせる必要がある（p.49）。

しかし、幾つかの先行研究では「効率と公正」を単純に対立するトレード・オフな関係と捉えている場合が見受けられる[10]。

「効率と公正」の問題（どう考えるのか、どうすれば両者が両立することができるのか）は経済学がこれまで格闘してきた最も重要な理論的問題の一つに他ならない[11]。単純化せずに慎重さを持って問題設定を行い、それを学生に提示し、教授・教師自らがもっと謙虚に深く理論的に葛藤しつつ、学生に教え込む経済教育ではなく、共に解決を目指す（答えを求めていく）経済教育が追求されなければならない。

第4には、学習指導要領・解説に対して、批判的精神を持って、批判的アプローチによる研究も行われていく必要がある。これまでの先行研究は基本的には学習指導要領・解説に沿った内容を取り上げ、紹介・解説・コメントし、授業内容・教授方法を開発し、指導案を作成し、提示するという研究が典型的なパターンである。

文部科学省の発行している『中学校学習指導要領解説社会編』（2008年改訂）の中で、「間接金融」と「直接金融」の用語が説明されたのは初めてのことである。このことは、現行学習指導要領が中学校における金融教育を重視していることを意味している。

このような『解説書』の指針を反映した金融教育に関する研究が表れ始める。例えば、松井（2011）は冒頭の「問題の所在」において、今回改訂された学習指導要領・解説に基づく中学校社会科公民的分野の教科書と高等学校公民科（「現代社会」「政治・経済」）の教科書は、資金調達方式の手段としてのみ扱われる「直接金融、間接金融」と述べ、また高等学校公民科（「政治・経済」）の新『学習指導要領解説』を検討すれば、「間接金融・直接金融の意義」に関する肝心かつ具体的な学習内容はまったく記載されていない、と批判して

いる[12]。金子（2012）も「資金を需要する側と供給する側と、それぞれの観点から解説することが必要であるかもしれない。教科書において、これらの用語は、資金の需要側の企業の観点からの説明が主となっているためである。市民の金融教育という観点からは、家計が余裕資金をいかに運用するかといった学習も必要である」と問題点を指摘している[13]。

このように学習指導要領・解説、それらを反映した教科書に対して、部分的に不十分性を指摘するような批判的な研究はあるが、全面的に批判的検討を加える研究はほとんど見られない。上記の場合、学生が資金の需要側からのみ、すなわち企業の資金調達方式としての「直接金融、間接金融」を学ぶことが、果たして金融教育の眼目となるべきかについて、全面的な批判的考察が必要である。金子（2012）が言う、資金の供給者、「市民の金融教育」、そして消費者教育とも重なった観点からこそ、授業単元が開発されなければならない。そのことは、文部科学省が唱える抽象的な「生きる力」を具体的に育成することに相通じる。ちなみに、このような方向性で金融教育を実施しているのが、台湾と韓国である。猪瀬・林（2012）、林・猪瀬（2012）は台湾の金融教育について、日本語で発表された貴重な研究である[14]。韓国の金融教育については、裴論文、第11章の後半部分で取り上げている。

日本の経済学参照基準は素案・原案から多くの議論と批判を経て、最終報告書として完成された。文部科学省および日本学術会議は、学生たちに従来の何を教えるのかという観点から、学生にどのような能力を身に付けさせるかという新たな観点を重視し、日本の高等教育の質保証を図るという目的で、今回の分野別参照基準なるものを作成した。

しかし、大学教員が学生たちにいかなる経済学をどのように体系的に教えればよいのか、一言で言えば、「何を教えるのか」という問いは、依然として教育の根幹である。

また、各大学のカリキュラム編成の自主性や経済学の多様性は認められなければならない。

日本の経済教育学会の元会長であり、京都経済短期大学の岩田年浩元学長は次のように指摘している。

　日本の大学では教育への関心は低く、さらに<u>教育とは教育方法のことと捉える傾向もあるが、どのような内容が求められるかの観点が見直されなければならない</u>のではないか。この中では、経済学派によって教育で求めている内容はなぜ、どのように異なるかの吟味も欠かせない [15]（下線は引用者）。

　岩田論文、第10章は、大学でどうすれば良い経済の授業を行えるのかについて、自身の長年に亘る研究・教育の蓄積と体験から論じている。この論文は経済の授業だけでなく、授業一般にも通ずる普遍性を持っている。「大学が学校の教育実践から学べること」は執筆者にしか書けない、そして大学教員に多くの教示を与える内容が論じられている。教育者に勇気を与える結びの言葉は、深く含蓄がある。

　このような筆者による日本の経済教育の特徴と残されている課題の整理自体に勿論、議論があろう。学兄の諸先生から多くの叱咤と批判を頂ければと思う。

　本書は筆者の整理に見られる日本の経済教育研究の特徴を押さえつつ、残されている課題の克服にも迫ろうとしている、実践の書でもある。

裴光雄

注

1)　Eiji Yamane（2013）, The Economics Content in a New Junior High School Textbook in Japan -Perspectives from a Writer of a Socil Studies Textbook-, *"2013 Proceedings Economic Education in East Asia"*, 1-6: Korea Economic Education Association, East Asia Conference on Economic Education.（山根栄次「日本の最新中学校教科書における経済の内容 ― 社会科教科書の執筆者からの観点」）

2)　桑原敏典、佐藤育美・小笠原優貴「よりよい社会のあり方を探究させる中学校社会科の単元開発 ― 新学習指導要領の学習原理にもとづく授業づくりの方法」『研究集録』第141号、岡山大学大学院教育学研究科、2009年6月。桑原敏典「社会科における見方考え方とその育成の方法：中学校社会科公民的分野及び公民科『現代社会』の単元開発を事例として」『研究集録』第151号、岡山大学大学院教育学研究科、2012年11月。

3)　栗原久「学習者の素朴理論の転換をはかる社会科授業の構成について：山小屋の缶ジュースはなぜ高い」『社会科教育研究』第102号、日本社会科教育学会、2007年12月。

4)　大杉昭英「社会認識体制の成長をめざす社会科・公民科授業：科学理論と倫理的判断基準の探求を通して」『社会科研究』第60号、全国社会科教育学会、2004年3月。

5) 猪瀬武則「経済教育は『在り方生き方』に答えることが出来るか？：NCEE 教材『経済学の倫理的基礎付けの教授』の場合」『弘前大学教育学部紀要』第 99 号、2008 年 3 月。新井明・山田幸俊・栗原久「日本の高校生と経済的合理性 ─ NCEE の経済倫理学教科書の検証授業を通して」『経済教育』第 28 号、経済教育学会、2009 年 9 月。猪瀬武則、高橋桂子、山根栄次、栗原久「経済学を学べば金融経済倫理は低下するか？ ─ 教育学部と経済学部学生の金融経済倫理調査比較 ─」『経済教育』第 31 号、経済教育学会、2012 年 9 月。山根栄次「社会科・公民科における経済教育での価値・倫理の扱い」『経済教育』第 35 号、経済教育学会、2016 年 9 月。猪瀬武則「倫理的多元主義による経済倫理教育論 ─ 論理と内容構成 ─」『アジア太平洋討究』No. 35（January 2019）を参照。

6) 山岡道男他『「第 1 回経済理解力テスト」報告書（研究資料 21）』経済教育研究協会、1990 年 8 月（阿部信太郎、新井明、蔵方耕一、栗原久、高橋順一、立石武則、原澤茂則との共著）。「山岡道男教授略歴・業績一覧」『アジア太平洋討究』No. 35（January 2019）を参照。

7) 山本友和、猪又力「中学校社会科学習における『経済リテラシー』の育成に関する実証的研究」『教育実践研究』第 12 号、上越教育大学学校教育実践研究センター、2002 年 3 月。山本友和、田村徳至「中学校社会科における金融・経済教育の単元開発に関する実証的研究：株式の模擬売買を取り入れた授業を通して」『教育実践研究』第 18 号、上越教育大学学校教育実践研究センター、2008 年 3 月。山本友和、田村徳至「中学校社会科における消費者教育の単元開発に関する実証的研究：『自立した消費者』を育成するための『契約』についての授業を中心に」『教育実践研究』第 20 号、上越教育大学学校教育実践研究センター、2010 年 3 月。山本友和、田村徳至「中学校社会科における経済学習の改善に関する実証的研究：価格についての素朴理論を科学理論へと転換させる授業を中心に」『教育実践研究』第 23 号、上越教育大学学校教育実践研究センター、2012 年 3 月。山本友和、田村徳至「中学校社会科における経済学習の改善に関する実証的研究：価格についての素朴理論を科学理論へと転換させる授業を中心に」『教育実践研究』第 23 号、上越教育大学学校教育実践研究センター、2012 年 3 月。山本友和、田村徳至「中学校社会科における金融・消費者教育の学習単元の開発に関する研究：行動経済学の知見を手がかりとして」『教育実践研究』第 23 号、上越教育大学学校教育実践研究センター、2013 年 3 月。山本友和、田村徳至「行動経済学の知見を取り入れた金融・消費者教育の実証的研究：学校社会科における開発単元の実践分析を中心に」『教育実践研究』第 24 号、上越教育大学学校教育実践研究センター、2014 年 3 月。

8) 金子浩一「公民的分野における経済概念の説明の実態 ─ 中学校の社会科教員へのアンケート調査からの考察 ─」『経済教育』第 36 号、経済教育学会、2017 年 9 月。

9) 金子浩一「貨幣の循環に関する模擬取引の実践例」『経済教育』第 37 号、経済教育学会、2018 年 9 月。

10) 韓国の中学校教科書『社会 3』でも、この「効率と公正」が取り上げられている。知学社

の教科書（2012）「社会的選択の問題を解決する時の基準は何か？」183 ページを参照。この文章で特に注目すべきは「社会的次元での意思決定は効率性と衡平性だけでなく、長期的な観点から何を重要に考えるのかに従って、他の経済的選択を行うようになる」という最後からの3行である（ここでは公正を衡平性という言葉で使っている）。

　なお、猪瀬武則「経済的見方から構成する農業学習 ― 効率と公正の両立をめざして ― 」『社会科教育研究』日本社会科教育学会、No.122、2014 年 9 月は「効率と公正」を対立概念ではなく、「両立をめざす」観点から論じた経済教育研究として、注目される。

11)　日本の経済学史学会第 60 回全国大会（福井県立大学、1997 年 11 月）におけるフォーラム（共通論題）のテーマは「経済学史における公正と効率」であった。スミス、マルクス、ワルラスが「公正と効率」をどのように考えたのか、各専門研究者がそれぞれ討論を行っている。それ程この問題は経済学上の最大の課題の一つであり、難問に他ならない。

12)　松井克行「中学・高校の社会科・公民科で『直接金融、間接金融』をいかに教えるべきか？」『経済教育』第 30 号、経済教育学会、2011 年 9 月、pp.95-96.

13)　金子浩一「中学公民の経済分野における学習内容の変化」『経済教育』第 31 号、経済教育学会、2012 年 9 月、p.159.

14)　猪瀬武則・林美秀「台湾の経済教育の現状と課題：自由主義的刷新としての九年一貫カリキュラムと米国型経済教育内容の導入」『弘前大学教育学部研究紀要クロスロード』第 16 号、2012 年 3 月。林美秀・猪瀬武則「台湾の金融経済教育の現状と課題：新自由主義的改革による経済学内容とワークショップ型方法の導入」『弘前大学教育学部研究紀要クロスロード』第 16 号、2012 年 3 月。

15)　岩田年浩「参照基準問題を考える ― 経済理論の多様性とその教育 ― 」『経済教育』第 34 号、経済教育学会、2015 年 9 月。

経済教育実践論序説

目　次

第1章　小中学校を見通した経済教育の
カリキュラム・マネジメント
― 義務教育学校での経済教育における学びを創る ―

1　本章の概要

　本章では、新学習指導要領の改訂に伴って、小学校段階でどのような社会科教育が必要なのかということを、経済教育の視点を中心として考えていくようにする。まずは目指す子ども像を描き、その上でどのような学びを展開するのか、そしてどのように子どもたちの学びを評価し、単元構成や授業につなげていくことが可能なのかというように、話を進めていくことにする。

2　授業の着眼点：目指す子ども像と目標をイメージする

　私たちが生きる地域・国・世界は、「経済」と切っても切れない関係にある。例えば、日々食べているものを考えると、野菜であれば、農家の方々が日々努力や工夫を重ねて土にまみれながら生産をしている。そして、それぞれの店舗に輸送され、消費者へと届く。子どもたちの意識の中には、その間に卸業者やJAなど多くの存在があることを認識していないケースが多い。それ以外にも、私たちが日ごろ使っているモノや受けているサービスは、必ず「経済」が絡んでいると言える。

　よって、私たちが生きていく以上、「経済的な見方・考え方」を働かせて思考し、価値判断・意思決定し、よりよい未来を「そうぞう」していく力の素地を育んでいくことが、非常に重要であるといえる。

　では小学校段階において、「経済」の学習を通してどのような子どもを育成していく必要があるのだろうか。学校教育において身につけた力は、現在・未

来の社会に活かされていくべきであるという立場から、筆者は以下のような子ども像を描いている。

〈目指す子ども像〉
① 対象の重要性に気づき、積極的に関わろうとする子ども
② 対象について俯瞰してながめ、多面的に考える子ども
③ 対象に対して、自他の思いや願い、見方・考え方、立場を意識しながら、価値判断・意思決定する子ども
④ 過去・現在の事象を考えるにとどまらず、進んでよりよい未来を「そうぞう」する子ども

「経済」を学ぶことで、目の前にある対象だけでなく、学習者の生活実態から離れた対象にまで目を向け、よりよい未来の「そうぞう」に向けて、価値判断・意思決定できる子どもたちになっていくようにしたい。このようにして育った子どもたちが、将来の日本や世界を創っていくというところまでイメージして、目の前にいる子どもたちとともに、経済的分野について学び、社会認識を深めていくようにしたい。

では、そのために中学校での学びへの接続も踏まえた上で、小学校段階で「経済」に関する学びをどのように進めていくとよいのだろうか。

3　学ぶ内容を整理する

まずは、『学習指導要領 [1]・[2]』および『学習指導要領 社会編 [3]・[4]』をもとに、学習内容を整理していきたい。その際、中学校での学習との接続を意識していくことが重要であると考えられるため、小・中学校で学ぶべき事項を整理していくこととする。

図表 1-1　各学年における学習内容の整理

学年	学習内容
第3学年	身近な地域や市区町村の様子（土地利用・人口・交通・公共施設）、地域に見られる生産や販売の仕事と消費者、地域の安全を守る働き（消防署・警察署）、市の様子の移り変わり（交通や公共施設・土地利用や人口・生活の道具）
第4学年	自分たちの都道府県の様子（地形や産業の分布・交通網・都市）、人々の健康や生活環境を支える事業（飲料水・電気・ガス・廃棄物処理・資源の有効利用）、自然災害から人々を守る活動（関係機関や人々の協力）、県内の伝統や文化（文化財や年中行事・地域の発展に尽くした先人）、都道府県内の特色ある地域の様子（特色あるまちづくり・観光・産業・人々の協力）
第5学年	我が国の産業（農林水産業生産・工業生産・交通・貿易や運輸）、社会の情報化と産業（放送・新聞・情報ネットワーク）、自然環境（自然災害・防災・公害）
第6学年	我が国や地方公共団体の政治（国民生活の安定・法令や予算・租税の役割）、国際社会（グローバル化・国際協力・国際交流・伝統や文化の尊重）、歴史分野（各時代における政治・経済・産業・国際関係・伝統・文化）
中学校地理的分野	世界の様々な地域（自然的条件・社会的条件・空間的相互依存作用・地球的課題）、日本の様々な地域（自然環境・人口・資源・エネルギー・産業・交通・通信・空間的相互依存作用）、地域の在り方（地域調査）
中学校歴史的分野	各時代における政治・経済・産業・国際関係・伝統・文化、現代の日本と世界（高度経済成長・国際社会・経済や科学技術の発展・国民生活）
中学校公民的分野	私たちと現代社会（主に「対立と合意」「効率と公正」：少子高齢化・情報化・グローバル化・文化の継承と創造・現代社会の枠組み・契約の重要性）、私たちと経済（主に「対立と合意」「効率と公正」「分業と交換」「希少性」：身近な消費生活・経済活動・市場経済・生産や金融・勤労の権利と義務・労働組合と労働基準法・社会資本の整備・環境の保全・少子高齢化社会・消費者の保護・財政及び租税・納税の義務・市場の働き・国や地方公共団体の役割）、私たちと国際社会の諸課題（主に「対立と合意」「効率と公正」「協調」「持続可能性」：国際協調・地球環境・資源・エネルギー・貧困・持続可能な社会）

出所：『学習指導要領』及び『学習指導要領 社会編』より筆者整理

　以上のように、経済的分野に関わる学習内容の大枠を整理してきたが、当然、これ以外の社会科の学習においても、ほぼ経済分野と関連づけて考えられることは言うまでもない。

　中学校の社会科学習では、「対立と合意」「効率と公正」「分業と交換」「希

少性」などに着目して、これらの経済的分野の学習を行っていくことを念頭に
置き、小学校段階でその基礎を養っていく必要がある。系統性でいうと、まず
は自分たちが住む地域、都道府県、日本、そして世界全体へと子どもたちの経
済的な視野も広がっていくことを意識したい。また、取り扱う学習内容につい
ても、子どもたちが生活経験として近く感じられる具体的な内容（地域に見ら
れるまちの様子や生産・販売の仕事など）から、抽象的で複合的な内容へと向
かっていくことを念頭に置き、経済的な見方・考え方を繰り返し使って考えな
がら、社会認識を深めていくように各単元および各学年でのカリキュラムを構
築していきたい。その時、社会科での学習のほとんどに経済的な視点が絡んで
くることを意識したい。

　では、各学年の経済的分野の学びについて、より具体的にどのように学習内
容を構成していくことができるのだろうか。

　各学年の子どもたちの発達段階、および中学校での社会科学習への接続を念
頭に置いて、目指す子ども像・目標に向けて学習内容を整理していく必要性が
ある。先ほど述べたように、社会科学習のほとんどに、経済的視点が関係して
くることは言うまでもない。そこで、以下に各学年の社会科授業、特に経済的
分野の学びと関連性の深い学習内容として想定できる単元の学習と、そこで子
どもたちが身につけることが可能となる社会的な見方・考え方について整理す
るものとする。その単元では特に経済的な見方・考え方が養われるものと想定
できる。

〈第3学年〉

　小学校の第1・2学年では生活科の学習をし、第3学年で初めて社会科の学
習を行うこととなる。視野も子どもたち自身の本当に身近な範囲でしか学んで
きていないため、まずは、子どもたちが住む地域の探検から、地域の商店街や
スーパー、公共交通機関、消防署や交番などを発見し、身近な地域の様子を捉
えながら、そこに息づく経済的分野の学びへと繋げていくことを意識していき
たい。この際、社会科での学びと子どもたち自身の生活と如何に結びつけてい
くかが、カギとなる。この学年で学ぶ経済的分野の学びとして、以下のような

ものが考えられる。

①　身近な地域や市区町村の様子

主な学習内容	・屋上から見た地域の様子 ・校区探検とその整理（東西南北の4コース） ・校区探検のまとめ
獲得することが見込まれる主な「見方・考え方」	・大通りや駅に近い所ほど、人通りや交通量が多く、飲食店やコンビニなどの店舗も多い。 ・商店街には食料品や衣料品、日用品などを扱う専門店が多い。 ・商店街にはシャッターが閉まっている店がいくつかある。 ・スーパーには、生活に必要なものを買いに来るお客さんがたくさん来店している。 ・住宅が密集している地域がある。 ・工場が集まっている地域がある。 ・大通りやその周辺に、図書館や区役所、公園、消防署、警察署などの公共施設がある。

　以上について、学校の東西南北の各コースの探検とそこで得た発見を整理することの繰り返しの中で、経済的な部分に意識を向けながら、身につけてきた見方・考え方を働かせ、社会認識を深めていくようにする。

　この単元では、大通りと細い生活道路、駅に近いところと駅から遠いところのコントラストで子どもたちに見せていくことが重要であり、そのコース取りが肝となる。自分の住む町を細かく観察しながら探検し、大通りや駅に近いところに、様々な店舗や公共施設が集まり、人や車も多いことに気づいていくように意図を持って仕掛けるようにする。そこには、生産・販売やヒトやモノの運輸といった経済的な見方・考え方が多く転がっている。校区探検を通して自分の住む町を見つめながら、経済的な見方・考え方を獲得し、その見方・考え方を働かせて対象について思考していく力をつけていく。第3学年の最初の単元で、身近なまちの様子を探る校区探検は、経済教育、しいては社会科教育の土台となる学習となり得るのである。ここで得た知識や思考した経験は、この後の単元において繰り返し引き出されることで定着し強化されていくので、丁寧に子どもたちと共に学びを進めていく必要がある。

②　地域に見られる生産や販売の仕事と消費者

主な 学習内容	・買い物調べ ・地域のスーパーマーケットの探検 ・スーパーマーケットの秘密 ・コンビニエンスストアの秘密 ・商店街の秘密 ・商品の輸送と貿易 ・買い物をする時の工夫 ・パン屋さんとパン工場のちがい ・もしもパンを買うなら？	比較することで、経済的な見方・考え方に迫る。 パン屋さんの見学とパン工場との遠隔授業から比較を通して経済的な見方・考え方に迫る。
獲得することが見込まれる主な「見方・考え方」	・品ぞろえに差異がある。 ・季節に合わせた商品が販売されている。 ・レジやバックヤード、商品陳列などで工夫されている。 ・商品を売るための工夫がなされている。 ・さまざまな生産地と輸送方法がある。 ・生産方法の違いによる、生産量や売り方の差異がある。 ・生産者の思いや願い、工夫が詰め込まれている。 ・消費者としてのどのように買い物をするべきか。	

　以上のように、様々な対象の「比較」や「価値判断・意思決定」を繰り返すことを通して、経済的な見方・考え方を中心に働かせながら、社会認識を深めていくようにする。

　この単元では、スーパー・コンビニエンスストア・商店街、パン屋さんとパン工場など、組み合わせを工夫して比較しながら学習を進めていくことで、経済的な見方・考え方が身につき、それを使って対象について深く思考していくことが可能になると考えられる。

　生産者・販売者の視点から、ターゲットとする消費者のちがいによって、取り扱う商品や品揃え、営業の仕方などの販売形態に差異が生じてくることに気づいていくように単元を設計していくとよい。例えば、パン屋さんとパン工場とでは大きな差異が生じてくる。パン工場では、広く多くの消費者に商品を生産・輸送・販売する。したがって、安価で大量に原料を入手する必要がある。それに対してパン屋さんでは、原料や製法にこだわりを持って生産しているケースが多く見られる。少々値が張っても、原料の産地や品種にこだわる店を

多く見かける。このような差異にできるだけ細かく切り込むことで、見えてくる経済的な見方・考え方も変わってくる。

　また、スーパーやコンビニエンスストア、商店街の比較では、商品の陳列方法にまで目を向けていくことで、日頃何気なく買い物をしている店舗の見方も変わってきて、消費者として子どもたちの生活にも変化が見られるようになると考えられる。

〈第4学年〉

　第4学年では、第3学年での学びから、考えていく対象を都道府県レベルにまで広げながら、また、経済的な見方・考え方を繰り返し使いながら、社会認識を深めていくようにしたい。さらに、水道やゴミ処理などといった公共事業にも目を向け、自分たちの生活とのつながりを考えたり、租税のあり方について考えたりする土台をつくっていくことにも目を向けていきたい。子どもたちの生活とのつながりを意識しながら、そのことが可能であると考えられる代表的な単元を2つ紹介する。

①　人々の健康や生活環境を支える事業（水道）

主な学習内容	・私たちの生活と水　　・水はどこから（学校探検） ・地域の浄水場とその役割　　｝浄水場の見学を通して、その役割と仕事 ・安全な水を送る仕事　　　　　　に迫るようにする。 ・水と自然環境　・水の使い方の工夫 ・水道水は無料にすべきか、有料にするべきか
獲得することが見込まれる主な「見方・考え方」	・私たちは生活の中で水を利用している。 ・水は浄水場やポンプ所から、配水管を通って送られてきている。 ・広大な浄水場で様々な工程を経て安全な水をつくり、消費者に届けられている。 ・安全で安心な水をつくる仕事に就く人の思いや願い、工夫が詰め込まれている。 ・水資源と自然環境には関係性がある。 ・水を大切に使う必要性とその方法　　・租税あり方 ・水は地方公共団体が賄うべきか、消費者が購入すべきか。

生産者と消費者、地方公共団体の三者の関係性を総合的に見て、主に経済的視点を意識して、価値判断・意思決定しながら、これからの在り方を考えていく。その中で、高学年での学習における「租税」の視点も生まれてくるものと考えられる。

ここでは、「効率と公正」や「対立と合意」といった視点の土台となることに着目し、経済的な見方・考え方を働かせて価値判断・意思決定する機会を設けるなど工夫することが肝要である。そうすることで、公共事業の重要性について気づいたり、租税制度のあり方やその重要性に気づいたりすることができ、社会の複雑性に気づいていくこととなる。浄水場で働く人の思いや願い、工夫だけで学びを終えるのではなく、そこに地域行政も絡んでいることに意識を向けることで、より広く経済的な見方・考え方に迫ることができ、より深く対象を見つめ、考えていくことが可能となる。

② 都道府県内の特色ある地域の様子（地域教材としての「堺市の包丁」）

主な 学習内容	・私たちの生活と生活用品 ・堺市の刃物づくりの歴史、伝統工芸品、刃物の種類 ・包丁の原材料と製造工程 ・原材料や製品の輸送とメンテナンス ・堺市の刃物づくりの今日的課題 ・伝統工芸品である刃物づくりを今後も残していくか。
獲得することが見込まれる主な「見方・考え方」	・私たちの身の回りにはたくさんの生活用品があり、購入して使っている。 ・自分たちの住む都道府県や市町村でも、ものづくりが行われている。 ・生産者の思いや願い、工夫が詰め込まれている。 ・手作業で、高い技術と技法によってつくられている。 ・ブランド化して付加価値をつけ、高値で販売されている。 ・原材料や製品はそれぞれ輸送されて、店舗に並ぶ。 ・伝統工芸品の生産において、今日的課題が存在する。 ・昔ながらの伝統工芸品を今後も残していくべきなのか。

自分の住む都道府県内に残る伝統工芸品（工業製品）の生産から消費までをたどり、今日的課題からよりよい未来の「そうぞう」にまで目を向けていくようにする。例えば大阪府であれば、堺市の包丁などは「分業」の格好の例にもなり得る。どのようにしたら売ることができるのか。どのようにして伝統工芸

品の生産を未来に繋げていくのか。ブランド化をすることで生じる「希少性」の視点からそこまでを価値判断・意思決定しながら判断していく学習を通して、子どもたちは経済的な見方・考え方を身につけていく。また、伝統工芸品を取り扱う場合は、その歴史をたどることで、その価値に迫ることが重要である。生産者の工夫として、他の量産された商品とどのようにして「差別化」を図っているのか、今後どのようにしていく必要があるのかを「持続可能性」の観点から考えていくことで、他の事象と関連付けて思考していく素地が養われていくものと考えられる。

〈第5学年〉

　第5学年の社会科学習では、日本全体の産業を意識しながら、主に地理的分野を中心に学習を進めていくことになる。しかし、どの産業においても、経済的な見方・考え方は重要であり、欠かすことのできない視点になってくる。では、どのようにして経済的な見方・考え方を身につけていくことができると考えられるのだろうか。以下に2つの単元について整理する。

　①　私たちの食生活と食糧生産（米づくり）

主な 学習内容	・米づくりがさかんな地域 ・米づくりがさかんな地域の地理的条件 ・米づくりの手順と効率化 ・ブランド化、品種改良による付加価値 ・消費者が求める米づくりとその意味 ・米づくりが抱える今日的課題 ・米づくりの未来をえがこう
獲得すること が見込まれる 主な「見方・ 考え方」	・特に東北地方で多く米が生産されている。 ・米づくりに適した地理的条件がそろっている。 ・米づくりを工夫して、機械化も含めて効率的に、手順に沿って生産をしている。 ・品種改良により、米の生産をしやすくしている。 ・品種改良やブランド化により、品質を高め、米を売る工夫をしている ・消費者のニーズに応え、販売の可能性を広げている。 ・生産者の高齢化や収入減など、今日的課題を抱えている。 ・集落営農や直播などによる作業の効率化、貿易やブランド化による販売拡大への道筋

　視野を日本全体に広げ、生産から消費までの道筋を学ぶことで、経済的な見方・考え方を身につけ、その見方・考え方を繰り返し使って思考していくことによって、社会認識をより深めていくようにする。生産者の思いや願い、工夫だけにとどまらず、消費者のもつニーズと品種改良やブランド化を関連付けて考えることで、「希少性」や「差別化」「持続可能性」などについて思考を深めていくことができるものと考えられる。

　そしてさらに、「貿易」の視点も視野に入れ、「国際関係」にも目を向けるようにしていく。私たちの食生活は日本だけで完結されているわけではないことを意識することで、より国際規模で経済を思考していくことも可能となる。このようにして、経済的な見方・考え方を繰り返し使って強化しながら、社会認識を深めていくようにする。

②　情報化社会の進展と今日的課題

主な学習内容	・情報ネットワークと私たちの生活 ・情報ネットワークの産業での活用 ・情報共有と活用の仕組み ・情報化の進展と産業活動 ・情報化社会の抱える今日的課題 ・情報ネットワークの現状と未来 ・情報ネットワークのこれからの在り方
獲得することが見込まれる主な「見方・考え方」	・私たちは生活の中で情報ネットワークを活用している。 ・様々な産業で情報ネットワークが活用されている。 ・情報ネットワークの拡大により、経済活動に様々な可能性がひらけてきている。 ・様々な情報が共有され、活用されている。 ・犯罪や労働問題、様々なトラブルなど今日的課題を抱えている。 ・情報ネットワークはこれからどのようにあるべきなのか。

　子どもたちは生活の中で、すでにかなり情報ネットワークを利用している。そこで、子どもたちには生活の中だけでは見えづらい、各産業での情報ネットワークの活用について見せていくようにする。

　私たちはネット販売などを利用することが多くなってきており、同時に犯罪

や労働問題といった課題が生じてきている。情報リテラシーの面も踏まえながら、この解決（未来）に向けた思考活動を行うことで、子どもたち自身の生活のあり方に還していきたい。また、産業活動において、情報ネットワークが重要な位置を占め、経済活動のグローバル化とスピード化などに拍車をかけていることに思考を向けていきたい。これにより、情報化社会の進展も、実は「日本経済」だけでなく、「世界経済」と大きな関連性があることに気づいていくこととなり、国だけでなくグローバルな視点で経済的分野について考えていくことに繋げていくことができる。

〈第6学年〉

　第6学年では歴史的分野と公民的分野の学習を主に行う。歴史的分野では主に各時代の人物を中心にその政策などについて学んでいく。当然、租税の考え方や諸外国との貿易などといった、経済的な部分も含んで学んでいく。ここでは、特に公民的分野において、どのように経済的な見方・考え方を身につけていくことが可能なのか、中学校での社会科学習への接続を意識しながら、特に2つの単元を紹介することとする。

　①　日本の財政と少子高齢化の進展

主な学習内容	・日本の政治・経済と私たちの生活 ・公共サービスの役割と公共サービスを支える財政（プライマリーバランス） ・給付と負担（トレード・オフ） ・日本の総人口および人口ピラミッドの変化 ・出生数及び合計特殊出生率の変化 ・少子高齢化と日本の未来 ・日本の社会保障と少子高齢化の進展
獲得することが見込まれる主な「見方・考え方」	・私たちは租税を払い、税金によって生活が支えられている。 ・公共サービスや公共施設は税金によって賄われている ・税金には様々な種類がある。 ・プライマリーバランスが崩れている。 ・日本の総人口と年齢別の人口のバランスは変化してきている。 ・出生数及び合計特殊出生率は減少してきている。 ・若い年代の人口の減少は労働者の減少を引き起こす。 ・高齢者の生活を支える人が減ってきている。 ・少子化か高齢化のどちらに目を向けて歳出をするべきか。

② 核利用は世の中を豊かにするのか

主な 学習内容	・核兵器と世界、日本の過去と現在 ・核の傘と日本、世界の現状 ・日本での核利用と私たちのくらし ・日本での核利用と経済効果 ・「核」を研究する人へのインタビュー ・核利用のこれからの在り方
獲得すること が見込まれる 主な「見方・ 考え方」	・負の歴史として、原子爆弾として核が使われた。 ・被爆すると、動植物に多大な影響が出る。 ・日本は核の傘に入り、安い歳出で国防をしている。 ・電力の供給に、原子力が活用されている。 ・核輸出による経済効果。 ・核医学としての核利用。 ・核利用はこれからどのようにあるべきか。

　以上のように、国家単位および世界規模で、経済とその他の視点を複合的に絡ませ、経済的な見方・考え方を使って価値判断・意思決定しながら学びを進めていくことで、子どもたちは社会の複雑性に気づいていくことになる。小学校の最終段階では、「対立と合意」「効率と公正」「持続可能性」「国際平和」「国家と個人」等の視点から対象を俯瞰して見つめて思考し、その中で社会の複雑性を再認識しながら社会認識をより深め、その一筋縄ではいかない中でも、解決策を模索していく素地を養っていくようにする。

　ここまでのように、「学習内容」と「獲得することが見込まれる見方・考え方」を整理したうえで、目の前にいる子どもたちの思いや願い、興味に沿いながら学びを進め、経済的な見方・考え方を身につけ、その見方・考え方を働かせて思考していくことができるよう、カリキュラムマネジメントしていくことが重要である。

4　1時間の授業をクリエイトする

　ここまで述べてきたように、単元全体においてどのような学びを展開していくのか、また、そこでどのような社会的な見方・考え方が得られるのかを整理した上で、1時間1時間の授業をつくり上げていく。この授業は、その単元上

のどこに位置づくのか、また、どのような経済的な見方・考え方を獲得したり、その見方・考え方を使って考えたりすることができるのかを思い描きながら、その一つひとつをつくっていく。その際、子どもたちが響き合う協同学習の視点が重要となるだろう。ここでは、筆者のそうしてできた授業のうちの2実践を紹介することとする。

（1）　第3学年：コンビニエンスストアの秘密（2014年度実践）

　「地域に見られる生産や販売の仕事と消費者」の単元における1時間を紹介する。この単元では、地域のスーパーと商店街の店舗、コンビニエンスストア、パン屋さんとパン工場での生産の様子の違いなど、「比較」を通して、生産者や販売者の思いや願い、売り方の工夫などに迫っていく。

学習の流れと子どもたちの意識	指導者の役割	本時における 主な評価
1.　コンビニエンスストアで買い物をした経験について話し合い、本時のめあてを確認する。 コンビニエンスストアで買い物をしたことはあるかな。どんなものを買ったかな。 お茶やジュースを買ったよ。　　お弁当やパン、お弁当を買ったよ。 お菓子を買ったよ。 商品のならべ方の工夫を見つけよう。 2.　コンビニエンスストアにおける商品陳列の工夫について資料をよみとり考える。（15分） コンビニエンスストアでの商品の並べ方について考えてみよう。 （1）弁当・おにぎり・お惣菜・飲み物（横に並べて陳列） 　→1～3班が考える。 おにぎりや弁当と一緒に飲み物を飲んだりするかな。一緒に買うかも。 お客さんが一緒に買いそうな商品を横に並べて置いているのだと思う。	●前時の感想（学習したい事）から、めあてを設定する。 ●スーパーマーケットの工夫についての学習や生活経験を意識して学習展開する。 〈学びを創り続ける子どもの姿を見守る視点〉 ●資料からよみとり、商品の陳列方法について考えられているか（資料活用、思考）。 ●資料からよみとって考えたことを友だちと意見交流する中で、思考を広げ、深めることができているか（表現、思考）。	関心・意欲・態度の満足できる姿 ○資料のよみとりに、積極的に取り組むことができる。 ○友だちとの意見交流に、率先して入ることができる。 資料活用、思考の満足できる姿 ●資料をよみとることができる。 ○資料をよみとり、全体的な傾向を捉え、考えることができる。 ◎資料を通して考えたことを、他の社会的事象と関連付けて考えることができる。

(2) お菓子類（高さを変えて陳列）

　→ 4 ～ 6 班が考える。

> アンパンマンチョコは小さな子どもでもとれるように下の方に並べているのかな。

> 大人が手に取るなら、上の方に並べた方が取りやすいかもね。

> お客さんが取りやすい高さに並べているのだと思うよ。

● 他の社会的事象と関連付けて考えることができているか。（思考）

(3) 飲み物類（奥行きを使って陳列）

　→ 7 ～ 9 班が考える。

> お店の奥の方に飲み物がおいてあるね。何でかな。

> コンビニエンスストアでは飲み物を買うことが多いよね。

> 奥まで行く間にいろんな商品が目に入るよね。

> 奥まで入っていくまでに、他の商品も一緒に買うのかも。

3. 班で考えたことを、全体で交流する。

コンビニエンスストアでの商品の並べ方について、班で考えたことをみんなで交流しましょう。

● （1）から順に、短冊を掲示し、考えを1つずつ発表していく。

● 発表に対して質問や付け足し、反対意見を積極的にする。

● 類似の考えを持つ班には、付け足して発表させる。

● 子どもたち一人ひとりの質問や付け足し、反対を随時受け付けるようにし、話し合い活動を活発化させる。

4. 本時の学習をまとめ、本時の感想を書く。

今日の学習で、どんなことを学んだかな。

> コンビニエンスストアは工夫して商品を並べている。

> お客さんが商品を取りやすい所に並べている。

> お客さんが商品を買ってくれるように工夫している。

> お客さんは商品を手に取りやすくなるね。商品を買いやすくなるね。

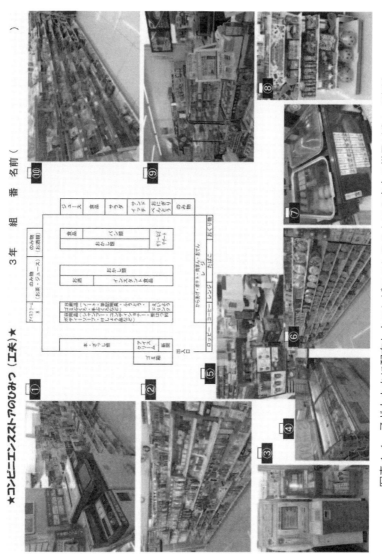

写真 1-1　子どもたちに配布したコンビニエンスストアの店内の様子が分かる資料
（京都府八幡市のコンビニエンスストアにて撮影：安野，2014.10.13）

この授業は、新学習指導要領の第3学年の内容（イ）で「販売の仕事は、消費者の多様な願いを踏まえ売り上げを高めるよう、工夫して行われていることを理解すること」とされている部分に切り込むものである。導入部分でコンビニエンスストアの店内を1周した様子を撮影した動画を見ながら、自然な対話を通して、商品陳輝の秘密に迫っていった。

4人1班の9班を、[横に並べて陳列（3班）][高さを変えて陳列（3班）][奥行きを使って陳列（3班）]に分けて、ジグソー学習に近い形態をとり、配布資料や店内の動画を読み取りながら、コンビニエンスストアでの陳列方法について思考を深めていくように仕掛けた。

子どもたちは、店舗づくりにおける「客の店内での回遊性」や「客の年齢層とゴールデンライン（商品の見やすい高さ）」「お隣の法則（ついで買い）」などに着目しながら、そのコンビニエンスストアが売り上げを高めるために工夫していることを掴んでいった。また、スーパーマーケットや商店街の店舗との取扱商品の差異について気づく姿が見られた。このような学びにより、従来の学習指導要領の第3学年の学習内容では、主に生産者や販売者の思いや願いに迫ることとなっていたが、一歩踏み出してその店舗の売り上げアップを意識した店づくりの工夫まで、すなわち今回改訂の学習指導要領の内容に適合する学びに繋がるものと考えられる。これは、ミクロ経済の一部を考える社会科学習の一事例としての実践であった。

（2） 第5学年：TPP とこれからの私たち（2016 年度実践）

第5学年の社会科学習では、主に農林水産業や工業、情報について、学びを進めていくことになる。そこには生産者や販売者、企業、消費者、財政など、多岐にわたる経済的な見方・考え方が関わってくる。そこで、第5学年の社会科学習の総まとめとして、TPP

写真 1-2　自ら調べて価値判断したことをもとに、グループで対話する様子

について考えた授業実践を紹介する。

　この実践では、これまでの社会科学習で培ってきた社会的（経済的）な見方・考え方や生活経験から得てきたものを総動員して、国際関係を学ぶことを通して、俯瞰して生産者や販売者、企業、消費者、国家財政などの視点から対象を見つめ、価値判断・意思決定していく学びを展開した。

写真 1-3　価値判断したことをネームプレートの位置で表現する様子

　まずは第1時の段階で、子どもたち自身で一人ひとりがTPPのメリットとデメリットについて調べて考え、価値判断する時間をとるようにした。その際、教師は様々な立場に立つ人々や様々な視点から、TPPという対象を多面的・多角的に見つめることができるように意識して、資料作りや声掛けなどの支援を行った。そして、その時点での価値判断の様子を、ネームプレートを貼る位置で表現するようにし、次の時間の学びに意識を繋ぐようにした。

　第1時の時点で、子どもたちは積極的に書籍やICT機器を活用して、様々な資料を調べて整理し、自分なりの考えをもつ姿が見られた。また、自ら様々な資料にあたりながらも、他者が調べていることにも興味を持ち、自然と対話をしながら価値判断する姿が見られた。これは他者の考えに興味をもった姿であり、次時以降に自然と対話を通して学びを進めていく可能性を感じさせるものであった。実際に第2時の導入部で、すでに自然と子ども間での対話が進んでおり、「学びの必然性」のもとで、学習が進んでいく様子が見られた。

　じっくりと、自分なりに調べて考え、価値判断したことをもとに、第2時（本時）ではグループおよび学級全体での対話を中心に行った。ここでは、対話を通して、自分の考えと他者の考えを比較したり、結び付けたりしながら、より高次の経済的思考へ昇華していくように仕掛けた。また、問題点を浮き彫りにし、TPPの在り方について、その課題解決に向けた思考に繋げていくようにした。

　子どもたちは、対話を通して、TPPのメリットやデメリットについて様々

子どもたちの活動と意識	指導者の場の構成○ 支援◇　評価☆
1. 前時を振り返りながら、本時のめあてを確認する。 産業の様々な立場から TPP について考えたね。 TPP は経済と関係があ りそうだね。 問題点もありそうだね。 解決する方法も考えたいな。	◇座席表を提示し、前時までの学びを想起させやすいようにし、本時の見通しをもたせるようにする。
TPP とわたしたちのこれからを考えよう。	
2. 前時に調べたことをもとに、自分の立場を明確にしながら、TPP の是非について意見交流をする。 日本は車などの工業生産が盛んだから、それを輸出したら、日本はもうかると思うから、賛成です。 貿易が盛んになって日本の経済が良くなったら、産業もさらに発達すると思うよ。だから、TPP に賛成です。 TPP がうまくいったら参加国の経済はよくなるんじゃないかと考えたから、賛成です。 安いものが日本に入ってくると、企業や農家、水産業は商品が売れなくて困るかも。だから反対です。 工業生産がさらに盛んになると環境問題が心配。だから反対です。 貿易問題が起きて、戦争にならないか心配だから反対です。 メリットもデメリットもあって判断するのが難しいな。 世界の国々とバランスよく貿易をすることが大切だと思うよ。 TPP に参加すると課題もありそうだから、解決の方法も考えておかないといけないね。	○前時に自分の考えの根拠となる資料を調べて考えたことを、全体で交流するようにする。 ◇資料を ICT や関連書籍などを活用して自由に提示することができるようにする。 ○ TPP についての対話を踏まえて、その是非について、ミニネームプレートを貼って、立場を明確にするようにする。 ◇価値判断が変化した子どもについて、その理由を聞くようにする。 ☆ TPP に対する自分の考えを、立場を明確にしながら話し合い、友だちの考えと比較したり、結び付けて考えたりすることができる。 【思考力・判断力・表現力等】

3.　グループでTPPの大きな問題点について話し合い、全体で交流する。	○グループでTPP参加にあたっての課題について話し合い、全体で交流するようにする。
ＴＰＰに参加した時の問題について考えよう	◇ミニホワイトボードを使って、グループで考えたことを視覚化しながら話し合うようにする。
国内の工場がつぶれてしまう事もあるかもしれない。そうしたら働く人たちはどうなるのかな。　　農家や水産業、酪農をする人たちは一番こまりそうだな。	☆各グループや学級全体での「対話」を通して、TPP参加にあたっての問題について思考を広げたり深めたりすることができる。【思考力・判断力・表現力等】
環境問題を解決する方法も考えておかないといけないな。　　食料自給率はさらに下がりそう。貿易がストップしたらどうなるのだろう。	
問題の解決方法を考えたいな。未来について考えたいね。	
4.　本時のまとめをし、振り返り、次時の見通しをもつ。	○本時のふりかえりをし、学習したいこと・知りたいことを共有する。
友だちの考えを聞いてみると、自分の考え方が変わったよ。　　友だちの意見も聞いてみたけれど、わたしはやっぱり賛成（反対）だな。	◇イロイロノートスクールを活用し、学習したいこと・知りたいことを共有化させ、次時の学習をイメージしやすいようにする。
TPPに参加する時に、日本にとって課題もありそうだね。解決の方法を考えたいな。　　農業や水産業で働く人たちが一番困りそうだな。でも、どうしたらいいのだろう。	◇座席表（ふりかえりシート）は次時に配布して、視覚化・共有化し、問題意識を繋げるようにする。
わたしたちの生活との関係についても、さらに考えてみたいな。　　外国との関係についても考える必要があるかもしれないね。仲良く貿易できるように考えたいな。	

な視点・立場から調べて考える中で、新たな知識を補充しながらさらに考え、課題を導き出し、その課題解決に向けて思考を進めていこうとしていた。

　そして、第3時では、前時で導き出した課題を解決していく方法について、4人1班のグループごとに、再度調べ直したうえで思考し、導き出した解決策を表現するようにし、それをさらに第4時で共有し、「TPPとこれからのわた

写真1-4　本時で子どもたちが対話した内容をまとめた板書

写真 1-5　課題解決に向けた思考活動の様子

したち」の在り方について思考を進めていった。

　このように調べて考え、共有しながら新たな課題を見つけ、さらに課題解決について考え、共有していくというスパイラル型の学びを通して、経済的な見方・考え方を獲得し、それを使って考えていくことで、その見方・考え方を強化していった。TPP などの経済的な内容について国際的に考えられる教材は、小学校段階において、マクロ経済を学び、考える素地を養うことに繋がっていくものと考えられる。

5　小　　　括

　ここまで、経済的な見方・考え方を獲得し、それを使って思考する中で、社会認識を高めていくカリキュラムづくりについて整理してきた。小学校段階においては、中学校での学習内容を踏まえた上で、身近な対象から地方・国、そして世界レベルでの対象へと、徐々に学びの幅を広げながら経済的な見方・考え方を身につけ、強化していくことができるようにする。また、ミクロ経済やマクロ経済を学び、考える素地を意識して、カリキュラムを構築していく。この学びの中で、経済感覚をもった大人になっていってほしいと考える。

安野雄一

注

1) 文部科学省（2018）『小学校学習指導要領』pp.46-63。
2) 文部科学省（2018）『中学校学習指導要領』pp.41-64。
3) 文部科学省（2018）『小学校学習指導要領 社会編』
4) 文部科学省（2018）『中学校学習指導要領 社会編』
5) 毎日新聞『News がわかる！』
   日本貿易会キッズサイト http://www.jftc.or.jp/
   毎日新聞　2008 年 10 月 15 日　夕刊 1 面
   四日市市環境部　バーチャル公害資料館
   http://www.city.yokkaichi.mie.jp/kankyo/kogai/kogai.html

この章を深めるために

(1) 野村総合研究所 https://www.nri.com/jp/news/2015/151202_1.aspx（2015 年）
   AI 社会への突入といった、現代社会と未来の行く末について研究し、論じられたもので
   あり、これからの社会科教育に必要な視点を与えてくれる。
(2) 全国民主主義教育研究会『主権者教育のすすめ』（2014 年）
(3) 広田照幸『高校生を主権者に育てる〜シティズンシップ教育を核とした主権者教育〜』
   （2015 年）
   (2) および (3) は、社会科教育によってめざす子ども像と主権者教育について、深く研
   究され著書である。シティズンシップ教育の実践例についても記されており、経済教育につ
   ながる実践が多く紹介されている。
(4) 筑波大学附属小学校社会科教育研究部
   『筑波発 社会を考えて創る子どもを育てる社会科授業』
   新学習指導要領の社会科の取り扱いについて、新しく「選択・判断」という文言が加筆さ
   れた。これからの社会を考えていく際に、価値判断・意思決定力を育んでいく社会科教育の
   実践が必要となってくるが、その視点を与えてくれる一冊となっている。

　上記の書籍は、経済教育を実践して行くに当たって、基礎的な見方・考え方や、その視座を
与えてくれる物である。その実践についても多く取り扱われているので、経済教育を行ってい
く上で、一読しておきたい著書である。その上で、目の前にいる子どもたちとともに、どのよ
うに学びを進めていくかを考えていきたい。

第2章　小学校経済体験学習の改善のツボ
―「あきんど体験学習・100円商店街」の実践から ―

1　本章の概要

　本章では、小学校の経済体験学習の実践・省察から、主体的・対話的で深い学び（アクティブ・ラーニング）を実現するためのツボを明らかにする。学校現場では、「活動あって学びなし」などと揶揄される体験学習を克服し、子どものアクティブ・ラーニングを実現することが喫緊の課題である。

　岩田（2017）は、大学の経済学の講義を活性化するために経済教育のツボを明らかにしている。「①まずは、日常の生活体験や生活実感のある話材がぜひ必要」「②対比するものやアナロジーが関心を起こす」「③原因を追及していく姿勢が大切」「④作用と反作用を含む因果の連鎖を示す」「⑤教員のメッセージが学生に伝わらないときはなぜかを考えて、早く対応する」の5つのツボである[1]。

　これらの5つのツボは、小学校社会科などの経済学習の指導や、体験学習を活性化させるのヒントになる。①は全員参加のネタや仕掛けにかかわるツボである。②は問題解決学習の基礎・基本である。③④は見方・考え方を働かせ、概念的知識や深い理解に導くツボである。また、⑤は対話で展開する小学校の学習指導の基礎・基本である。

　これらをベースに「あきんど体験学習・100円商店街」（小学5年・総合・キャリア学習）の実践を試みた。「子どもと経済をつなぐ」ツボや「教職員と経済教育をつなぐ」ツボを提案する。

2 問題の所在

　小学校では、生活科や社会科、総合的な学習の時間などで、体験学習が日々実践されている。「なすことによって学ぶ」体験学習が、子どもの思考をアクティブにし、深い学びにつながるからである。

　しかし、主体的・対話的で深い学び（アクティブ・ラーニング）の議論が展開される中で、体験学習について「活動あって学びなし」などと揶揄されることが多くなってきた。日々の実践を省察してみると、確かに、形骸化・行事化してしまっていることがある。多忙化する教職員には、「活動させて終わり」「見学に連れて行って、感想文を書かせて終わり」など、体験学習の本質を理解しないネガティブな授業観が蔓延している。

　子どものパフォーマンスを傾聴・承認する評価のツボや、体感したことを意味追究させるツボ、身近な経済的事象を因果関係で識別させる授業改善のツボなどを明らかにする必要がある。教職員の体験学習を対する自己効力感を高めることが喫緊の課題である。

　本章では、「あきんど体験学習・100円商店街」（小学5年・総合・キャリア学習）の実践から、経済体験学習の授業デザインやカリキュラム・マネジメントを省察する。多忙化の渦中にある学校現場に、「地元のリアル」「教科する授業」「逆向き設計」「ポートフォリオ」などをストレスなく定着させる試みである。また、「地域とともにある学校」を経済体験学習で実現する提案でもある。

3 小学校経済体験学習とは…?

　小学校では、経済生活を理解し社会に参画する資質・能力を育成する経済教育が具現化されている。キャリア学習や起業家教育、金融経済教育などでは、コミュニティでの体験学習や、企業や銀行などの出前授業、ICT を活用したゲームやバーチャル体験などの教材開発やイベントが開催されている。

　本校では、小学5年・総合的な学習の時間で「あきんど体験学習・100円商

写真 2-1 地元商店街での「あきんど体験学習」
(筆者撮影)

店街（キャリア学習）」を 16 年間継続している。子どもたちが地元の商店街で
100 円（ワンコイン・内税）で様々な商品を売る学習活動である。子どもたち
が、お惣菜店でコロッケなどを、薬局の店頭でハブラシやポケットティッシュ
などを、茶舗では緑茶の葉を、日用品店では菓子パンや缶コーヒーなどを 100
円で売る。

　子どもたちは、顧客や商品との対話、既習事項の活用などを通して販売活動
をする。望ましい勤労観の育成をめざしながらも、経済生活を営む人間のイン
センティブや意思決定、因果関係などを問い続けるキャリア学習・経済体験学
習・社会参画学習である。

　拙著（2006）（2008）（2010）（2016）をベースに地域参画・経済体験学習で
アクティブ・シティズンシップの育成をめざしている[2]。金融経済教育元年か
らシティズンシップ教育などのムーブメントの中で、子どもの経済理解や社会
参画をめざす経済体験学習を実践している。

　本校では、経済体験学習を次のように定義している。

・子どもたちが、身近な経済活動をリアルに理解するために、
・コミュニティをフィールドに、諸感覚や感性をフルに働かせ、
・仕事に本気で取り組むガチな人々のインセンティブや意思決定、因果関係な
　どから、探究的な見方・考え方を働かせて、
・自らの働き方や生き方、社会参画などを問い続ける体験学習。

　これらの経済体験学習は、第 3 学年社会科の「商店街とスーパーマーケット

の見学」や「出前授業・地域をつなぐ〇〇工場の社長」ではじまる。そして、高学年の総合的な学習の時間のキャリア学習「あきんど体験学習・100円商店街（5年）」や「キッザニアでアクティブ・ラーニング（6年)」に発展する。

4　子どもと経済をつなぐツボとは…?

岩田（2017）の大学生の経済教育のツボ、「①まずは、日常の生活体験や生活実感のある話材」と「②対比するものやアナロジーで関心を起こす」にかかわるところである。本校では、カリキュラム・マネジメントと地元のリアルの教材化を試みている。

（1）　子どもと地域をつなぐカリキュラム・マネジメント

本校では、田村（2014）をベースに次頁の図表2-1のようなカリキュラム・マネジメントモデルを作成し、教職員間で共有している。自校の現状、地域とのつながり、子どもの活動と教職員の指導などの強みを可視化することができるカリキュラム・マネジメントモデルである[3]。

本校は、大阪市の南東部に位置する少子化が進む小規模校である。天王寺あべのターミナルの北東約1.5kmに位置する便利なくらしやすい下町である。しかし、少子高齢化の真っ只中にある。

2018年度の全校児童数は102人で、「あきんど体験学習・100円商店街（キャリア学習)」に参加する5年生は19名であった。

校区内に商店街がある。昭和初期から続く歴史のある地元の商店街であるが、高齢化による閉店が増えてきている。少子高齢化するコミュニティで、小学校と地元商店街が一丸となったキャリア学習「あきんど体験学習・100円商店街」を実施している。地元商店街の願いは、「子どもの声で商店街を元気にしてほしい」である。学校の願いは「地元の商店街でキャリア学習を実現したい」である。ともにWIN・WINの関係で「地域イベント×学校カリキュラム」が定着している。

本校では、あらゆる教科で体験学習を重視している。激変・予測不能な時代

を生きぬく子どもたちに問題解決の資質・能力を育てるようにしている。村川
(2018) をもとに「P・自分事としての課題発見」→「D・没頭する体験活動」
→「C・意味追究の振り返り活動」→「A・学びや生活の改善」→で、「子ど
ものカリマネ力」を育てる授業実践をしている[4]。次のカリキュラム・マネジ
メントモデルを核に経済体験学習を年々、評価・改善・実践しているところで
ある。

図表 2-1　本校の「経済体験学習」のカリキュラム・マネジメントモデル

学校教育目標	豊かな心と逞しい力を持ち、自ら輝く子どもを育てる。 　　　― 仲よくする子・元気な子・考える子 ―
学校経営戦略	自校・地域の「強み」を活かして、子どもの学力獲得を保障する。
あきんど体験学習	身近な経済活動を理解させ、参画意欲を高める。

反映↓　　　　　　　　　　　　↑成果

子どもの学びの PDCA	教員の指導・支援
P「自分事」の身近な経済活動に気づく。	子どもと地域を「つなぐ」
D 地元商店街で販売活動に没頭する。	子どもの言動を「認める」
C 自分の販売活動の振り返り・学びあう。	子どもの情報を「修整する」
A 後輩へのメッセージを作成する。	子どもの学びを「紡ぐ」

⇕　リーダーシップ　⇕

○自校・地域の特性を活かして、子どもの学力獲得を保障する。
○地域の経済活動にある工夫や努力を、インセンティブや意思決定、因果関係で理解させる。

リーダーシップ　⇕　　　　　　　⇕　リーダーシップ

小規模校の強み	学校文化の強み
○全児童数 102 人の小規模校。 ○子ども理解をベースに丁寧な支援や指導が可能。	○ピア・サポートなどの指導を得意とする教職員が多い。 ○全教科等で体験学習が定着。

↑連携・協働　　　　　　　　　　↑規定・支援

家庭・地域の強み	教育課程・行政の課題と可能性
・学校地域連携の年中行事が多数 （100 円商店街、花火大会など）。 ・歴史のある地元商店街。 ・少子高齢化に向き合うコミュニティ。	・義務教育学校化の予定。 ・小中一貫カリキュラムの編成が課題。 ・「地域とともにある学校づくり」をめざす。

出所：筆者作成

前頁の図表 2-1 の太字は、経済体験学習としての「あきんど体験学習・100円商店街」の重点事項である。これらのモデルで強みを視覚化し、子どもと地域のつなぎどころを教職員で共有している。

（2）　子どものモチベーションを高める地元のリアル

　本校の特色から、次のリアルな 2 教材で子どもたちの「あきんど体験学習・100 円商店街」へのモチベーションを高めている。

①　出前授業「商店街会長からのミッション」

　毎年 5 月中旬、ゴールデンウィークが終わったころに商店街会長が出前授業に来校される。5 年生の子どもたちに「販売活動の基礎・基本」を指導される。

　商店街会長がいちばん大切に指導されることは、「この店員さん（子ども）から、○○を買いたい」とお客さんに思ってもらうことである。子ども自身がお客さんのインセンティブになることがミッションである。

　そして、どの店でも通用する丁寧なお辞儀や挨拶の仕方などを実際に指導される。

　出前授業の後は、子どもたちは商店街各店で、どんなお客さんが、何を買いに来ているのかなどをリサーチし、自分事として考えて行動することになる。やや難しいミッションである。

　子どもたちからは、「事前に見学したい」や「店主さんと打ち合わせをしたい」などの要望が出てくる。また、「先輩たちはどうしていたのか知りたい」などの質問も出てくる。期待や不安をうまくモチベーションの高揚につなぐミッションである。

②　リアルな教材「貼紙・閉店のあいさつ」

　事前の打ち合わせに商店街に行ったときに、子どもたちは閉店した店舗の増加に驚く。シャッターに貼られたテナント募集のポスターや閉店のあいさつなどがリアルな教材となる。これらを教室に持ち帰り、あいさつ文の読解の授業とな

> ご挨拶
> この度、永年に渡り、ご愛顧頂き、誠にありがとうご座いました。
> 七十年余り、この地に果実商を営んでおりましたが、一身上の都合で閉店させて頂く事になりました。
> 営業中は一方ならぬご愛顧を頂きまして深く感謝いたしております。本当にありがとうご座居ました。
>
> 　　　　　　お客様各位
> 　　　　　　　　　○○果実店
> 　　　　　　　　　店主　敬白

る。教職員は子どもとともに読みあげて、難しい表現を丁寧に解説していく。

「果物屋のおじいちゃんは70年以上も前から店を続けてきたんや。あとつぎの人がいないんやな」

「隣の店も去年からテナント募集中や」

などのつぶやきが出てくる。

そして、打ち合わせに行ったときの各店主さんの声を想起させる。

いろいろな売り方があるが、共通していることは、

「今年も、子どもたちの元気な声をアーケードに響かせてほしい」であった。

子どもたちは、「商店街会長のミッション」と「閉店のあいさつ」の意味を理解し、「あきんど体験学習・100円商店街」へのモチベーションを高めることができた。

5　教職員と経済教育をつなぐツボとは…?

岩田（2017）の大学生の経済教育のツボ、「③原因を追及していく姿勢が大切」「④作用と反作用を含む因果の連鎖を示す」「⑤メッセージが伝わらないときはなぜかを考えて、早く対応する」にかかわるところである。小学校では授業デザインと実践に着目する。

（1）　子どもの体験学習が生きる授業デザイン

経済体験学習が「活動あって学びなし」などと揶揄されることがある。教職員の多忙化で、せっかくの体験学習が深い理解につながっていないという警告である。

　本校では、子どもに学びの PDCA の資質・能力を育むために、子どもの問題解決学習を支える教職員の指導・支援を重視している。

　若手教職員が増加しているために、石井（2017）の「教科する授業 do a subject」や G. ウィギンズ・J. マクタイ（2012）の「逆向き設計」などをシンプルにし、子ども理解ベースの授業デザインで評価力や指導力の向上に努めている。特に、体験学習中の子どもの言動の傾聴・承認・修整や、体験後の紡ぎあいの授業で理解を深めることで、教職員自身の自己効力感の高まりをめざしている。

　① 「教科する授業」の共有

　石井（2017）は、アクティブ・ラーニングの授業を実現するために「教科する授業　do a subject」を提唱している [5]。

　「教科する授業」とは、「知識・技能が実生活で活かされている場面や、その領域の専門家が知を探究する過程を追体験し、教科の本質を共に深め合う授業」である。総合的な学習の時間に経済体験学習を実践するツボである。

　本校の経済体験学習「あきんど体験学習・100 円商店街」としては、小 3 社会科「ものを売るしごと」で学んだ知識を活かすことになる。売り上げを高めるための集客や販売の工夫を学習した子どもは、この体験学習で顧客のインセンティブになりきることを実感することになる。また、この体験学習後に小 5 社会科「わが国の食料生産（農業・水産業）」の産業学習では価格や費用を学習する。「費用（生産・流通・販売コストなど）＋もうけ＝価格」を理解することになる。この販売活動を通して「価格 100 円」の意味に気づかせたい。

　教科学習をつなぐことで総合的な学習の時間に広がりや深まりが出てくる「教科する授業」の実感を教職員の研修テーマにしている。

　② 「逆向き設計」にチャレンジ

　G. ウィギンズ・J. マクタイ（2012）は、「活動あって学びなし」の体験学習を克服するために、カリキュラムの「逆向き設計」を提唱している [6]。

　「逆向き設計」は、「①求められている結果・ゴールを明確にする ⇒ ②承認

図表 2-2　「逆向き設計」を取り入れた経済体験学習の授業デザイン

①ゴールの設定・共有化	◎生活科や社会科で学んできた地元の商店街で、実際に販売活動をさせてもらい、キャリア形成や社会参画の意欲を高める。 ○小3社会「ものを売る人の仕事」から、消費者の願い、商店街の人々の売り上げを高める工夫の学習を活かして、「あきんど体験学習・100円商店街」で販売活動をする。 ○小5社会「わが国の食料生産」で学ぶ「価格や費用」の前学習として、価格100円に含まれる費用（生産・輸送・販売コスト）に着目させる。
②評価の視点	○承認すべき言動 ・「今日は○○が100円です。お昼ごはんにどうですか」「いつもは1つ100円。今日は2つ100円です」などお客様目線で購買意欲を高めようとしている。 ・販売活動にあるインセンティブや因果関係などに気づいている。 △修整すべき言動 　安さのみの強調、大声で怒鳴っているだけなど
③指導の計画 （全6時間）	P 会長さんのミッション（1時間） 　商店街の調査・事前打ち合わせ（1時間） D「あきんど体験学習・100円商店街」（2時間） C「おつかれさんアンケート」でリフレクション（1時間） A 後輩へのメッセージをタイムカプセルに　（1時間）

出所：筆者作成

できる証拠・評価方法を決定する⇒③学習経験と指導の計画をする」で展開する。指導計画の前に評価をたいじにしている。今後のパフォーマンス評価やオーセンティック評価につながる指導計画を前にした評価計画の重視として受けとめている。

　若手教職員の体験学習の指導・支援力を高めるには、「目標の明確化」「子どもの活動の承認・修整」「PDCA力を育てる指導計画」が一体化された授業デザインの必要性に気づかせることである。

　上記の図表2-2は、本単元のシンプルな逆向き設計を試みたものである。逆向き設計のチャレンジで、承認すべき子どものパフォーマンスや、リフレクションの授業をイメージすることができた。

（2）子どものパフォーマンスを「傾聴・承認・修整」する指導

　子どもが体験学習をしているときに、教職員は何をしているのか。本校では、参与観察を中心に、子どもの言動を傾聴・承認・修整していくことにしている。

　次の事例1〜3は、教職員が傾聴し解釈してきた子どもの経済理解につながる言動である。

事例1

　「薬局店で商品を並べる子どもたちの会話」から

　薬局で絆創膏やポケットティッシュ（キャラクターの絵入り）、ハブラシなどを100円で売ろうと商品を並べている子どもたちの会話である。

　子どもA「これ（ポケットティッシュ）100円で売れるかな」

　子どもB「100均の店より、8円安いし」

　子どもA「このティッシュは子ども向けやろ」

　子どもB「お孫さんにどうですかって、声かけたら売れるで」

　他店より安い価格や高齢者が多い商店街の特色を捉えた子どもなりの販売戦略である。

事例2

　「茶舗で緑茶の葉を売る子どもとお客さんの会話」から

　子どもC「安いですよ。今日は高級静岡茶が100円です」

　子どもD「緑茶にはカテキンがたっぷり含まれていますよ」

　子どもC「血液がサラサラになりますよ」

　子どもD「緑茶は健康食品・健康飲料です」

　お客さんA「あんたら上手に商売するねえ」

　お客さんB「思わず買ってしまうなあ」

　子どもたちは、お客さんのインセンティブになり、1時間弱で100袋の茶葉を完売させた。

事例3

　「コストと価格の関係に気づく子どもたち」から

　日用品店で、缶コーヒーとペットボトルのお茶を2本100円で売っている子

どもたちの会話である。

　子ども E「これ、ほんまに 2 本 100 円で大丈夫なんかな」

　子ども F「缶やし、ペットボトルやし」

　子ども E「自動販売機で 1 本 130 円やなあ」

　子ども F「ペットボトルのお茶（500ml）は、スーパーマーケットで 1 本 78
　　　　　　円＋消費税やしなあ」

　子ども G「この前、お酒・ドリンクの安売りスーパーでは 29 円で売ってたで」

　子ども E「ほんなら 2 本 100 円で、もうけはあるんやな」

　子ども F「箱入りで大量に仕入れてきたらええんやなあ」

　子どもたちは、仕入れを安くする工夫や、これから社会科で学習する価格や費用について気づきはじめている。

　いずれも教室ではできない体験学習らしい対話が成立している。子どもたちは商品やお客さんと対話しながら、販売活動を展開している。教職員はこれらの子どもたちの活躍を目標に照らして承認したり修整したりしていく。経済体験学習でこそ可能な子どもたちの気づきを傾聴し解釈し、即時対応や事後の授業をデザインしていくことで教職員は自らの評価力や指導力を高めている。

（3）　子どもの思考力を育てるリフレクションの授業

　小学校では、なすことによって学ぶ体験学習を実現するとともに、自らの体験を振り返り、学びの意味を考える力を育てることを重視している。社会科や総合的な学習の時間などでも、比較・関連・意味追究など、考える活動を重視している。経済教育としては因果関係の思考を、経済的な見方・考え方として鍛えていきたいところである。「あきんど体験学習・100 円商店街」の経済体験学習の午後は「おつかれさんアンケート」でリフレクションの授業を実施している。以下は、自分の販売活動を振り返る授業である。

◎　ねらい

　体験学習後すぐに「おつかれさんアンケート」を実施し、完売できた店の意味を追究し、「○○したから完売できた」という因果関係の思考で、販売活動の工夫や努力を理解できるようにする。

◎　授業の実際（抜粋）

◎発問・指示	※子どもの言動

◎お疲れ様でした。今から簡単なアンケートに答えてもらいます。

「あきんど体験学習」おつかれさんアンケート

（5年名前　　　　　　　　　　　　）

　今日は大切な「あきんど体験」をさせていただきました。自分の販売活動を振り返って一文でまとめておきましょう。
①　あきんど体験で「いちばんよかったこと」は何ですか。
②　あきんど体験で「いちばんこまったこと」は何ですか。

◎みんなのアンケートを整理しました。
　（タブレットと大型テレビを活用）
　（少人数校のメリットとしてアンケートの集計等は短時間で可能）

	いちばんよかったこと	いちばん困ったこと
1	お店の人が親切に教えてくれた。	なかなか買ってくれなかった。
2	お母さんが来てから、お客さんがいっぱい来たのがうれしかった。	おすすめの商品をうまく伝えられなかった。
3	お店の人がやさしく教えてくれた。	お客さんがなかなか、買ってくれない。
4	店長さんが商品の並べ方をやさしく教えてくれた。	はじめは声がでなかった。
5	一人が買ったら他の人も買ってくれた。	困ったことはなかった。
6	お客さんがいっぱい買ってくれた。完売した。	きんちょうする。
7	自分で売った時にはトリハダがたった。	お客さんは、なかなか買ってくれない。
8	お客さんがたくさん来て買ってくれた。完売した。	なし
9	お客さんがいっぱい来てくれて、いっぱい売れた。	お客さんにねだんや商品のことを聞かれてビクビクした。
10	お客さんに声をかけたら買ってくれた。	はじめは、声が出なかった。
11	お客さんが買ってくれた時は感動した。	商品は見てくれたけど、買ってくれない。
12	いっぱいお客さんが来てくれた。	最初は声が出ない。
13	お客さんがいっぱい買ってくれたこと。完売したこと。	大きな声を出しすぎて、おこらせた。（前の店の人）
14	お客さんに声をかけたら買ってくれた。	お客さんがなかなか買ってくれなかった。
15	お店の人が商品の並べ方を教えてくれた。	お客さんがなかなか買ってくれない。

16	お店の人が親切だった。	緊張して声が出なかった。
17	お客さんに声をかけたら買ってくれた。	最初は緊張して、声が出なかった。
18	買ってくれた。チャンスがある。タイミングで完売できた。	はじめは、お客さんはなかなか買ってくれない。
19	（風邪で欠席）	（風邪で欠席）

◎完売した店がありますが、何か聞いてみたいことはありませんか？
　※「わたしたちは菓子パンをたくさん売ろうと、×2や×3のくじ引きをしました。100円で菓子パンを2個、3個買ってもらえるようにサービスしたのですが、売れ残ってしまいました。完売した店ではどんなサービスをしたんですか？」
　※「わたしたちの店も、元気な声で韓流グッズを売ろうとしましたが、お客さんは立ち止まってくれませんでした。大きな声を出しすぎたので、隣の店の人ににらまれました。どうして完売させたのですか？」

◎ほんとうにご苦労様でした。完売させた人はコツを教えてください。
　※「わたしたちの店は、コロッケ2個を100円とイカの天ぷら一盛を100円で売りました」
　※「はじめは、今日は安いですよとか言っていましたが、売れませんでした。お年寄りが多いから揚げ物は無理かなと思いました」
　※「だけど、お惣菜屋さんの人が、あの人らはこの時間に何をしに商店街に来ているのかな、とヒントをくれました」
　※「すると、○○君が、お昼ごはんにどうですか。揚げたてのおいしいコロッケですよ。今日は2個100円ですよ。って言ったんです。すると、たくさんのお客さんが来てくれて、完売しました」

◎お客様目線で成功したんだね。他に完売した店はありませんか。
　※「お茶の葉を売りました」
　※「テレビでみたカテキン効果を思い出したので、健康にいいですよって言ったら、あっという間に完売した」
　※「お客さんから、あんたらうまいこと売るなあってほめてもらいました」

◎×2や×3で菓子パンを売ろうとしたサービスはどうしてうまくいかなかったのかな？
　※「100円でメロンパンやアンパン、チョコレートパンが2個も3個も買えたらうれしいやろ。なんで売れへんのかな」
　※「×3を当てたおばちゃんが、わたし3つも食べきられへんと言って1個返しに来た」
　※「そら、おばちゃんの昼ごはんに菓子パン3個は無理やろ」
◎会長さんのミッションを覚えているかな。
　※「この子から○○を買いたいと思ってもらうこと」

※「ああ、そうや。完売した店は、みんなお客様がこの子から買いたいと感じていることや」
※「お客さんは、お昼ごはんにぴったりな商品、健康にいい商品を100円で買いに来てたんや」
◎いつものように「○○したから完売できた」とノートにまとめておこう。
（各自でノート整理）

◎来年の5年生に何て教えてあげようかな？　ノートからまとめてみよう。
※「お客様の立場で声かけや売り方を考えたから、完売できた」
※「お客様が何を買いに来ているのか、しっかり考えろよ」
※「そして、元気な笑顔で今日は100円ですよって売り込むんや」
※「○○にぴったりですよ、○○にいいですよってアピールしろよ」
◎それらのメッセージを商店街会長さんが用意してくれたタイムカプセルに残しておこう。

　体験学習だけで終わっては、「活動あって学びなし」となってしまう。せっかくの体験学習が形骸化し、子どもにも教職員にもストレスになるようなことがあってはならない。リフレクションの授業で経済体験学習の意味を実感できるようにしなければならない。

（4）　子どもの体験学習を積み重ねていくポートフォリオ

　2018年度の5年生の子どもたちはラッキーであった。商店街会長の発案で、子どもたちの学習成果をタイムカプセルに入れてもらうことになった。タイムカプセルは商店街の入り口のアパレル店の陳列ケースに飾るということである。

　大阪は2025年万国博覧会開催のムードにある。地元の商店街には1970年の時のようにタイムカプセルで盛り上がろうという機運がある。子どもの経済体験学習のようす、子どもたちの声、考えたことや行動したこと等々をタイムカプセルに入れるのである。

　学校としては体験学習を積み重ねていくポートフォリオ学習のチャンス到来である。これからは毎年のように、自らの体験学習を記録し、次年度の5年生に成功のコツを伝えていくことができる。地元の小学校の子どもたちが地元の商店街でアクティブ・ラーニングをしていることをアピールできるのであ

る。

　そして、次のようなメッセージ（A4 ペーパー 1 枚・両面）を作成し、タイムカプセルに入れてもらった。

　文部科学省・国立教育政策研究所（2018）によると、今後は特別活動がキャリア教育の要となる[7]。小・中・高校の体験学習を「キャリア・パスポート（仮称）」に記録していくことになる。自らの体験学習を積み重ねていくポートフォリオ学習である、

　本校では、地元の商店街の支援のもとで万博開催の機会に、タイムカプセルで学びの記録をつないでいくことにした。

写真 2-2　地元商店街で展示されているタイムカプセル（筆者撮影）

	「あきんど体験学習・100 円商店街」をつなぐ 後輩たちへのメッセージ 1　（表） 平成 30（2018）年度の 5 年生一人一人から
1	はじめは売れないぞ。
2	おすすめの商品を教えたり、せんでんしたりすれば、お客さんはたくさん来る。
3	はじめは売れないけれど売れてきたらうれしい。
4	きんちょうするよ。
5	売れたら気持ちいいぞ。
6	売れたらうれしいよ。
7	はじめは売れないけど、売れたらうれしい。トリハダがたつぞ
8	緊張して声が出なくても、なれてきたらだいじょうぶ。
9	声をいっぱい出して、めだとう。そうすれば、買ってくれる人がふえるよ。
10	はじめは売れないけれど売れたら気持ちいいよ。
11	大きな声を出してガンバレ。
12	大きい声を出して売ってね！　ガンバレ！
13	声を出しすぎたらアカンぞ。
14	とにかく、がんばれ。

15	がんばれ。
16	何があってもガンバレ。
17	ガンバレ。
18	買ってもらうのはむずかしいぞ。
19	体調を整えよ。せっかくの 100 円商店街ができないぞ。

「あきんど体験学習・100 円商店街」をつなぐ
後輩たちへのメッセージ 2　（裏）

平成 30（2018）年度の 5 年生全員から

そして、みんなで考えたこと！
◎来年の 5 年生に何を教えてあげたらいいかな？
　※お客様の立場で声かけや売り方を考えたから、完売できた。
　※お客様が何を買いに来ているのか、しっかり考えろよ。
　※そして、元気な笑顔で今日は 100 円ですよって売り込むんや。
　※「○○にぴったりですよ」とか「健康にいいですよ」ってアピールしろよ。
　※お客さんに「この子から○○を買いたい」と思ってもらうこと。

6　小括 ― あらためて小学校経済体験学習のツボとは…?

　上記の実践から見えてきた小学校経済体験学習のツボを整理する。岩田（2017）の大学生に講義するときの「経済教育のツボ」と、「体験を通して経済を理解する小学生」を関連づけて検討する。

　「①まずは、日常の生活体験や生活実感のある話材がぜひ必要」では、「子どもと地域をつなぐカリキュラム・マネジメント」が必要ということになる。小学校でいちばん大切にしてきた地域とのつながりである。「ネタは地域にある」を教職員で共有している。

　「②対比するものやアナロジーが関心を起こす」は「子どものモチベーションを高める地元のリアル」である。子どもは、地元のネタや大人の仕掛けによって身近な経済の対比やアナロジーを見いだす。

　「③原因を追及していく姿勢が大切」とは経済教育の肝要である。「子どもの思考力を育てるリフレクションの授業」が必要不可欠である。小学生が学ぶ働

く人々の工夫や努力は、経済学的思考のインセンティブや因果関係で考えさせることができる。

　「④作用と反作用を含む因果の連鎖を示す」は、単元全体を関連づけることで小学生でも理解可能である。本単元では「自分の街が少子高齢化にある」→「小学生の人数が減っている」→「商店街の閉店数が増えている」→「小学校のキャリア学習で商店街を元気にすることができる」→「子どもでも役に立つことができる」など、子どもの体験と因果の連鎖をつなぐことができた。

　「⑤教員のメッセージが学生に伝わらないときはなぜかを考えて、早く対応する」は「子どもの体験が生きる授業実践」である。小学校の教職員であれば毎日の仕事である。本校では、「傾聴・承認・修整」の指導・支援や、参与観察による子どもの言動の解釈・承認を重視しているところである。

武部浩和

注
1) 岩田年浩（2017）補説1・経済教育のツボ『学長奮闘記―学長変われば大学変えられる』東信堂 pp.159-166 では、本章の授業改善のベースとなる経済教育の「5つのツボ」が明記されている。
2) 武部浩和（2006）小学校社会科教育における金融経済教育の基礎・基本｜社会科教育研究No.99」日本社会科教育学会 pp.159-164 は、当時の小学校社会科の金融経済教育についての私論である。小学生が理解すべき働く人々の工夫や努力について、インセンティブに着目した。武部（2008）日本のシティズンシップ教育の現状と可能性―社会に参画する主体を育むために―「共生社会研究　第3号」大阪市立大学大学院創造都市研究科共生社会研究会 pp.127-134 では、2000年代はじめから注目されはじめた日本のシティズンシップ教育の研究について文献サーベイを試みた。武部（2010）子どもの社会参画を促進する学習活動―地域参画学習の実践におけるシティズンシップ育成の視点―「共生社会研究　第5号」大阪市立大学大学院創造都市研究科共生社会研究会 pp.66-76 は、小学校におけるシティズンシップ教育・地域参画学習の実践記録である。地元の小学校や商店街、地域住民が一丸となってモツゴを卵から育て、地域の河川に放流した。武部（2016）小学校における経済教育実践の可能性―経済体験学習をアクティブ・ラーニングにするために―「経済教育　第35号」経済教育学会 pp.157-163 は、前任校での経済体験学習の実践である。キッザニア体験や地域サマーフェスティバルで子どものパフォーマンスの傾聴・解釈・承認の評価を試みた。
3) 田村知子（2014）『カリキュラム・マネジメント―学力向上へのアクションプラン―』

日本標準ブックレット№.13　pp.12-18 は、自校の強みを視覚化するカリキュラム・マネジメントモデルである。学校経営のベクトルを全教職員や地域住民などで共有するのに有効である。

4)　村川雅弘（2018）新学習指導要領がめざすもの ― カリキュラム・マネジメントの役割『学力向上・授業改善・学校改革　カリマネ100の処方』教育開発研究所 pp.13-15 は、「子ども一人ひとり学びのカリキュラム・マネジメント」をゴールとしている。

5)　石井英真（2017）『小学校発アクティブ・ラーニングを超える授業 ― 質の高い学びのビジョン「教科する」授業 ―』日本標準 p.19 は、総合的な学習の時間の教科横断的カリキュラム・デザインやマネジメントのベースとなる「教科する」授業を提唱している。

6)　G.ウィギンズ・J.マクタイ（西岡加名恵訳）（2012）『理解をもたらすカリキュラム設計』日本標準 pp.19-40 は、アメリカの小学校の教育実践を「活動主義」、中学校の教育実践を「網羅主義」とし双子の過ちを警告している。我が国の教育実践でも「活動あって学びなしの体験学習」「知識の教え込み」などがある。これらを克服するための「逆向き設計」を提唱している。本章の実践でも若手教職員とともに「逆向き設計の簡易化」を試みた。体験学習中の承認すべき、あるいは修整すべき子どもの言動を共有し、参与観察・指導・支援をしているところである。

7)　文部科学省・国立教育政策研究所（2018）「キャリア・パスポートってなんだろう？」キャリア教育リーフレットシリーズ特別編1 は、文部科学省のパンフレットである。キャリア・パスポートは、小・中・高校の接続した経済体験学習のポートフォリオにもなる。

この章を深めるために
○岩田年浩（2017）補説1・経済教育のツボ『学長奮闘記 ― 学長変われば大学変えられる』東信堂、pp.159-166 は、小学校においても授業デザインやカリキュラム・マネジメントのヒントとなる。

第**3**章　中学校経済教育における見方・考え方を
意識した授業づくりにむけて
―『経済教育』における授業実践を手がかりにして ―

1　本章の概要

　本章では、2018 年版学習指導要領（以下、「2018 年版」）において重視されている見方・考え方を意識した授業づくりのために、既存の経済教育に関する実践を見方・考え方を軸に分析・整理していく。この整理により既存の実践を2018 年版においてどのように生かすことができるのかが明らかになるとともに、既存の実践ではカバーできない経済教育の内容も明確になることが期待される。

　次の手順で論を進める。まず、改めて社会科教育における「見方・考え方」を整理する。次に、2018 年版における経済教育と「見方・考え方」がどのような関係にあるのかについて確認する。その上で、経済教育を専門に扱う学会である経済教育学会が発行する学会誌『経済教育』のうち過去約 10 年分に掲載された中学校を対象とした経済教育実践を内容および見方・考え方に基づき分類・整理を行う。最後に、2018 年版における見方・考え方を意識した中学校経済教育カリキュラムを提示する。

2　問題の所在

　2018 年版は、2018 年 3 月に文部科学省より告示され、7 月にはその解説も公表された[1]。本章で注目するのは、2018 年度版で各教科において設定された「見方・考え方」という概念である。そこで本章では、2018 年版において重視されている見方・考え方を意識した授業づくりのために、既存の経済教育

に関する実践を見方・考え方を軸に分析・整理していくことにする。

3　「見方・考え方」とは何か

　前述の通り 2018 年版ではすべての教科で「見方・考え方」が設定された。しかし見方・考え方という概念は、社会科においては従前から議論がなされているものであり複雑な様相を呈している。したがって、見方・考え方を中学校経済教育において位置づけるにはその整理が必要となる。そこで本節では、2018 年版による「見方・考え方」、教育学の研究者である石井英真による「見方・考え方」、社会科教育学研究者である原田智仁による「見方・考え方」を概観し、整理する。

（1）　2018 年版による「見方・考え方」

　2018 年版の学習指導要領改訂にあたって出された中央教育審議会答申は「各教科等で習得した概念（知識）を活用したり、身に付けた思考力を発揮させたりしながら、知識を相互に関連付けてより深く理解したり、情報を精査して考えを形成したり、問題を見いだして解決策を考えたり、思いや考えを基に創造したりする」学びの過程のなかで、「"どのような視点で物事を捉え、どのような考え方で思考していくのか"という、物事を捉える視点や考え方も鍛えられていく」とし、「各教科等の特質に応じた物事を捉える視点や考え方が『見方・考え方』」[2] であるとする。

　では、社会科における見方・考え方とはどのようなものなのか。図表 3-1 が、文部科学省が示した小・中学校の社会科における見方・考え方の整理である。「社会的な見方・考え方」という大きな枠組みの中に中学校においては「社会的事象の地理的な見方・考え方」「社会的事象の歴史的な見方・考え方」「現代社会の見方・考え方」と地理・歴史・公民の分野ごとに見方・考え方の定義がなされている。

　中学校経済教育に関わる公民的分野の見方・考え方は「現代社会の見方・考え方」である。2018 年版では現代社会の見方・考え方とは「社会事象を、政

治、法、経済などに関わる多様な視点（概念や理論など）に着目して捉え、よりよい社会の構築に向けて、課題解決のための選択・判断に資する概念や理論などと関連付けること」[3] であるとしている。そして、「現代社会の見方・考え方の基礎となる概念的な枠組みとして公民的分野の学習全体を通して働かせることが求められる『対立と合意、効率と公正など』に加え」、経済に関する概念などとして「分業と交換、希少性など」が示された [4]。

図表 3-1　2018 年版における社会的な見方・考え方

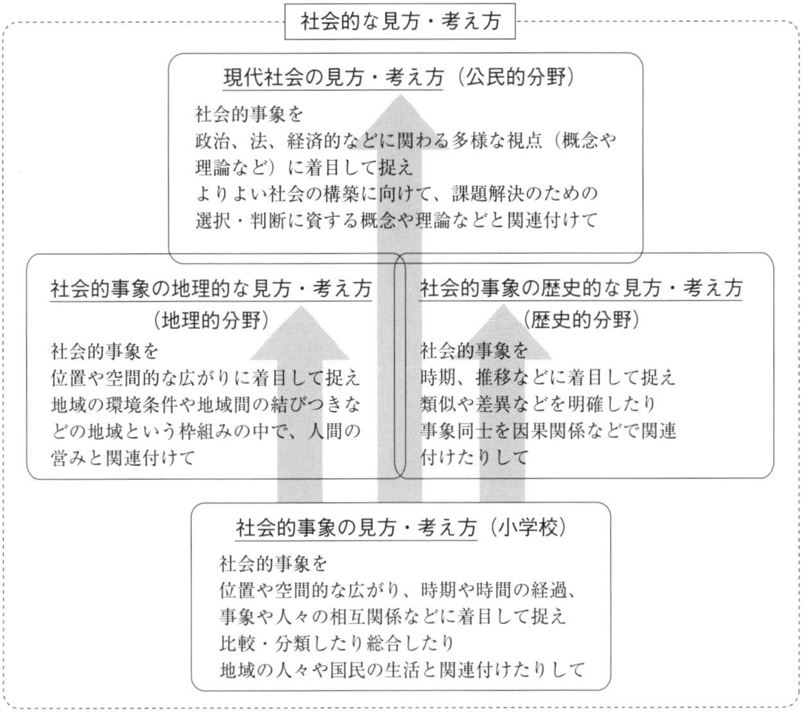

出所：文部科学省『小学校学習指導要領（平成 29 年告示）解説社会編』2018 年、p.19。

（2）　石井英真による「見方・考え方」

　次に、石井英真による見方・考え方を取り上げる。石井英真は、2018年版改訂における中央教育審議会の審議で一定の役割を果たした教育学の研究者である。図表3-2は、石井の示す能力の階層性（質的レベル）を捉える枠組みのうち、教科教育に関わる部分を抜粋したものである。ここでは次の2点に注目をしておきたい。

　第1は、見方・考え方は認知システムの枠組みの中で「知識の有意味な使用と創造（使える）」に相当すると位置づけているということである。第2は、見方・考え方は内容知と方法知の両方に位置づくものであるとしていることである。このことに関わって、石井は2018年版における見方・考え方は、主体性・協調性が一面的に強調される傾向や態度主義を是正し、教科の本質に迫る深い学びを構想するための鍵となるものだとしている。つまり見方・考え方は、教科の内容知識とコンピテンシー・ベースの学力観で重視される教科横断的な汎用的スキルとをつなぐ、各教科に固有の現実（問題）把握の枠組み（眼鏡となる原理：見方）と対象世界（自然や社会など）との対話の様式（学び方や問題解決の方法論：考え方）と捉えることができると考えている[5]。

（3）　原田智仁の整理する社会科教育学研究における「見方・考え方」

　見方・考え方を複雑にしている理由の一つとして、社会科においては教科教育学において従前より「見方・考え方」に関する議論がなされ、研究者によってその意味づけがされてきたことがあげられる[6]。

　原田は、石井における見方・考え方の捉え方を、社会科教育学研究における見方・考え方の捉え方を踏まえて再整理し、図表3-3に示すカリキュラムの構造化モデルを作成している。学力を3つのレベルに分けて捉えていること、またその3つの学力レベルは「知識の獲得（知っている）」から「活用・創造（使える）」にむけて一方向に獲得されるのではなく、らせん状に行きつ戻りつしながら獲得されていくといった点では一致がみられるものの、いくつかの差異を指摘することができる。

　第1は、石井は見方・考え方を「知識の有意味な使用と創造（使える）」に

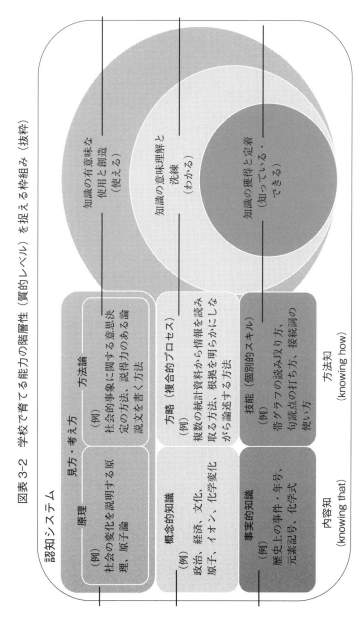

図表 3-2 学校で育てる能力の階層性（質的レベル）を捉える枠組み（抜粋）

出所：石井英真『今求められる学力と学びとは―コンピテンシー・ベースのカリキュラムの光と影―』日本標準、2015 年、p.22。

図表3-3　見方・考え方を生かしたカリキュラムの構造化モデル（社会科）

学力のレベル ＼ 目標の柱	知識	技能	思考・判断／表現	情意・態度
見方：知識の獲得（知っている）	事実	情報読解	事実的思考・事実判断 / 記述	素朴な興味・共感 異なる見方への関心
考え方：意味の理解（わかる）	概念	探究方法	理論的思考・推理 / 説明	文脈や根拠の吟味
考え方：活用・創造（使える）	価値	提案	価値的思考・価値判断 / 議論・意思決定	自己の考え方の構築

出所：原田智仁『中学校新学習指導要領社会科の授業づくり』明治図書、2018年、p.53。

位置づけているのに対して原田は見方を「知識の獲得（知っている）」に、考え方を「意味の理解（わかる）」および「活用・創造（使える）」に位置づけていることである。

　第2に、石井が見方を内容知として、考え方を方法知として捉えているのに対して、原田は内容知と方法知とで見方・考え方を区別して捉えていない。つまり、石井は見方・考え方を使えるレベルの概念であると捉えた上で、見方を内容知として考え方を方法知として位置づけている。それに対して原田は、見方を知っているレベルの概念、考え方をわかる・使えるレベルの概念として捉え、内容知・方法知による区分は採っていない。

　次節以降では、上記の異同を踏まえつつ原田の見方・考え方の整理をもとに経済教育における見方・考え方を検討していく。

4　2018年版における経済教育と見方・考え方

　次に、2018年版における経済教育と見方・考え方の関係について整理を試みる。公民的分野全体における見方・考え方として示されている「現代社会の見方・考え方」における基礎となる概念が対立と合意、効率と公正であり、経済に関わる概念が分業と交換、希少性である。図表3-4は、2018年版解説におけるそれぞれの概念の説明である。

　これら4つの概念は原田の示す構造化モデルのどこに位置づくのであろうか。原田は、「分業と交換、希少性等の視点から事実（現象）を把握するのが経済的な見方であり、それらの事実を内包する問題等の背景や原因を探究して一定の概念（理論）を獲得するのが経済的な考え方になる」とする。そして「現

図表3-4　2018年版解説における概念の説明

公民的分野全体	対立と合意	集団の内部で問題（トラブル）や紛争が生じ「対立」が生じた場合、多様な考え方をもつ人が社会集団の中で共に成り立ち得るように、また、互いの利益が得られるよう、何らかの決定を行い、「合意」に至る努力がなされていること。
	効率と公正	●「効率」とは、社会全体で「無駄を省く」ということであり、「より少ない資源を使って社会全体でより大きな成果を得る」という考え方 ●「公正」とは、「みんなが参加して決めているか、だれか参加できていない人はいないか」というような手続きの公正さや「不当な不利益を被っている人をなくす」「みんなが同じようになるようにする」といった機会の公正さや結果の公正さなどを意味している。
経済教育	分業と交換	●人々が求める財やサービスを作り出す生産が、家計によって提供される労働やその他の資源を投入して企業を中心に行われていること。 ●各企業は企業間で「分業」を行い、中間財を含めた財やサービスを「交換」することを通して人々が求める財やサービスを作り出す。
	希少性	人間の欲求は多様で無限に近いものであるのに対し、財やサービスを生み出すための資源は有限であり、生み出される財やサービスもまた有限である。

出所：文部科学省『中学校学習指導要領（平成29年告示）解説社会編』東洋館出版社、2018年、p.140、144より筆者作成。

代社会の考え方の価値的側面における意思決定、『対立』を『合意』へと導く調整の方法が、『効率』と『公正』である」としている[7]。つまり効率と公正と対立と合意は同質のものではなく、効率と公正は対立を合意に導くためのあくまで方法であることがわかる。

　では見方に位置づくとされる「分業と交換」と「希少性」との関係はどのように捉えるべきであろうか。マンキューは、社会には限られた資源しかなく、そのため人々が手に入れたいと思う財・サービスのすべてを生産できるわけでないことを希少性といい、経済学とは、その希少な資源をいかに管理するのかを研究する学問であると定義している。また、マンキューは入門書において経済学を十大原理に整理している。そこでは第5原理として「交易（取引）はすべての人々をより豊かにする」として分業と交換の経済学における意義を述べている[8]。つまり資源の希少性が経済学という学問が必要とされる根本的な理由であり、その課題に向き合う中で経済学が導き出してきた一つの解決法が分業と交換であると捉えることができよう。以上を踏まえて4つの概念が見方・考え方のどこに位置づくのかを示したのが図表3-5である[9]。

図表3-5　見方・考え方を生かした構造化モデル（公民的分野）

目標の柱／学力のレベル		知識	技能	思考・判断／表現	
見方	知識の獲得（知っている）	事実	情報読解	事実的思考・事実判断	希少性の解決のために分業と交換
				記述	
考え方	意味の理解（わかる）	概念	探究方法	理論的思考・推理	
				説明	
	活用・創造（使える）	価値	提案	価値的思考・価値判断	効率と公正を用いて対立を合意に導く
				議論・意思決定	

出所：原田智仁『中学校　新学習指導要領　社会科の授業づくり』明治図書、2018年、pp.123-125 より筆者作成。

図表 3-6　経済教育の内容と見方・考え方の関係

	対立と合意	効率と公正	分業と交換	希少性
経済活動の意義		○	○	
市場経済・貨幣		◎（効率）		◎
企業・金融		○	◎	
労働	○	○（公正）		
社会資本		○		
環境問題	○	○		
社会保障	○	○		
消費者保護		◎（公正）		
財政・租税	○	○		

出所：文部科学省『中学校学習指導要領（平成 29 年告示）解説社会編』
　　　東洋館出版社、2018 年より筆者作成。
注：※ 1　表中の◎は、2018 年版解説に明記されていることを示す。

　最後に、これら 4 つの概念と経済教育の内容との関係をみていきたい。図表 3-6 の左に示したのが、2018 年版に基づく経済教育の内容である。分業と交換や希少性といった見方・考え方は市場経済を学習する「(1) 市場の働きと経済」において取り扱われる。一方で、対立と合意、効率と公正は 2018 年版において公民的分野全体を通じて意識することとあるように「(1) 市場の働きと経済」および「(2) 国民の生活と政府の役割」のいずれにも重要な見方・考え方であるといえる。「(2) 国民の生活と政府の役割」は、中学校段階では明確には記述されていないが市場の失敗を扱う中項目である。したがって、とりわけ公正が主に意識されることになる。

　以上で 2018 年版における経済教育について、見方・考え方を軸に検討した。経済教育の授業実践を分析するものさしを得たと考える。そこで次節においては、これまでの授業実践を振り返り、このものさしを使いながら整理および検討を行うことで、これからの授業実践へのヒントを得たい。

5 『経済教育』にみる授業実践

　今回取り上げる授業実践は、経済教育学会により刊行されている学会誌『経済教育』に 2006 〜 2018 年に掲載された図表 3-7 に示す 23 の授業実践である。

図表 3-7　『経済教育』に掲載された中学校経済教育授業実践（2006 〜 2018 年）

No	年	号	頁	著者	タイトル
1	2006	25	85-89	中川壮一他	ゲーム教材を活用した経済学習の効果に関する考察
2	2008	27	151-158	奥田修一郎	「公共性」を育む経済教育
3	2010	29	10-15	河原和之	非正規労働者の失業は自己責任か政治の貧困か？
4	2010	29	74-80	奥田修一郎	「習得」「活用」「探究」をすすめる経済教育の実践研究
5	2011	30	32-39	河原和之	学習者の視点での経済学習
6	2011	30	95-101	松井克行	中学・高校の社会科・公民科で「直接金融、間接金融」をいかに教えるべきか？
7	2012	31	104-110	高橋勝也	中学校道徳教育と高等学校公民科教育の隔たり
8	2013	32	59-64	河原和之	「消費税アップ」と「TPP 参加」の是非を問う
9	2014	33	4-9	河原和之	中学生が経済を学ぶことの意味
10	2014	33	29-34	太田正行	中学校における経済教育授業実践について
11	2015	34	24-29	伊藤達也	シミュレーション教材を効果的に活用した経済教育
12	2015	34	30-35	力丸剛	「公正で持続可能な社会」を目指して
13	2016	35	78-83	河原和之	中学校地理と経済の融合教材の開発
14	2016	35	119-123	力丸剛	公正で持続可能な社会から、暮らしを考える
15	2016	35	149-156	福田正弘	企業の社会的責任を学ぶビジネスゲームの開発と実践
16	2017	36	14-18	河原和之	中等学校における経済教育の未来
17	2017	36	36-43	梶谷真弘	経済の観点を取り入れた人物評価学習
18	2017	36	44-50	力丸剛	「見方や考え方」からの AL
19	2018	37	28-32	金子浩一	貨幣の循環に関する模擬取引の実践例
20	2018	37	33-42	高橋勝也	シミュレーションを活用した課題を自ら発見する主体的な学び
21	2018	37	43-47	阿部哲久	「競争」概念を広げる中学校公民的分野の授業開発
22	2018	37	48-52	吉田昌幸	「スマホ製造ゲーム」を使った機会費用の学習
23	2018	37	81-85	奥田修一郎	主体的かつ深い学びをうながす経済学習実践の省察

出所：筆者作成

（1）　経済教育実践の内容と方法

　図表3-8 は 23 の実践を 2018 年版の内容に沿って分類をしたものであり、次の傾向がわかる。

　第 1 は、2018 年版の内容の多くの部分について様々な実践が発表されているが、偏りもみられる。例えば、企業・金融といた内容については実践報告が多い。しかし、財政や消費者保護に関する実践は発表がみられない。

図表 3-8　経済教育実践の内容による分類

項目	実践 No.	実践数
経済活動の意義		0
市場経済・貨幣	市場経済 7、9、16、18、21、㉒／貨幣 5	7
企業・金融	企業 10、⑪、⑮、16 ／金融①、6、12、⑲	8
労働	3、5	2
社会資本	9、⑳	2
環境問題	④、14、18	3
社会保障	2、18	2
消費者保護		0
財政・租税	租税 8	1
貿易	8、13、16、23	4
地理的分野	13	1
歴史的分野	17	1

注：※1　貿易については、2018 年版では中学校における取り扱いはない。
　　※2　○は、シミュレーション教材を扱った授業実践
　　※3　複数の内容を扱っている実践は、それぞれの内容に分類している。
出所：筆者作成

　第 2 は、シミュレーション教材の開発を行った授業実践が 7 実践あった。No.22 は機会費用を、No.11 は株式会社、No.15 は企業の社会的責任としての外部経済の問題、No.1 は直接金融と間接金融、No.19 は信用創造、No.20 は公共財、No.4 は環境問題についてインセンティブを切り口に学習する授業実践である。経済教育実践におけるシミュレーション教材は、仮定の状況を設定し、その状況の中で生徒が思考を深め、概念を習得することをめざす授業実践

が多い。また、その概念を用いて、日常知とは異なる視点からの価値判断を求めるものも発表されている。経済学は、あるモデルを設定し、そのモデルの中で思考していくという、学問としての特徴がある。この特徴に、シミュレーション教材は親和性が高いということもシミュレーション教材が経済教育実践において多く用いられる理由であろう。

　第3は、多様な視点からの経済教育実践が行われ発表されていることである。No.13、17にみられるように地理的分野や歴史的分野において経済教育の要素を取り入れた実践がある。これらの実践に学び地理・歴史の授業を開発することは、新たな視点での地理・歴史の授業開発につながると考えられる。また、現行でも2018年版でも中学校では学習指導要領に取り上げられていない、貿易（国際経済）についても4実践がみられた。No.8はTPP、No.16はイギリスのEU離脱問題や中国人による爆買い、No.23はトランプ大統領の保護主義的な経済政策について扱ったものである。No.23は分業と交換（交易はすべての人々を豊かにする）という見方・考え方（概念）を用いて貿易を捉えている。筆者は中学校段階で学習内容を必要以上に増やすことには消極的な立場である。しかしNo.23は、分業と交換という見方・考え方を用いて時事問題を考えるという学習課題の設定の仕方を取っている。中学生でも無理なく学習できるということを示した実践例であり、2018年版の流れとも合致するものであり、参考となる。

（2）　経済教育実践における見方・考え方

　次に23実践のうち、見方・考え方の観点が含まれる実践を、図表3-9のように整理した。

　図表3-9をもとにその傾向性を読み解きたい。第1は、経済的な見方・考え方として2018年版では、分業と交換、希少性があげられているが、それ以外にもインセンティブ、トレード・オフ、機会費用が実践の中では取り上げられていたことである。例えば、No.4は地球温暖化問題を排出権取引に焦点を当てて教材化した実践であり、インセンティブを見方に据えている。またNo.22はトレード・オフや機会費用といった見方についてレゴブロックを用い

図表 3-9　経済教育実践の見方・考え方による分類

	見方・考え方	実践 No.	実践数
見方	分業と交換	23	1
	希少性	9、14、18	3
	インセンティブ	4、14	2
	トレード・オフ	8、14、18、22	4
	機会費用	9、16、18、22	4
考え方	対立と合意	3、5、8、18	4
	効率と公正	4、7、14、15、18、20、22 効率のみ 9、16、19／公正のみ 2、12	13

出所：筆者作成

た「スマホ製造ゲーム」を通して、生徒に理解させようとする授業実践である。このように 2018 年版には取り上げられていない見方を用いた授業実践がみられる一方で、2018 年版によって新たに明示された分業と交換を意識した実践は、先ほど触れた No.23 の 2018 年に報告された実践まで、学会誌では発表されてこなかった。

　第 2 は、23 実践を分析していくと、「見方」と「考え方」の関係性が明らかになってきたことである。例えば希少性やトレード・オフ、機会費用という見方は、効率という考え方を身に付けていく上で有用なものである。

　第 3 に、図表 3-8 と併せて考えれば、公正の考え方を取り上げやすい内容として市場の失敗が考えられるというように、考え方と内容についても一定の関係性があることがわかる。

（3）　見方・考え方を意識した経済教育カリキュラム

　以上を踏まえて、2018 年版の経済教育について、どの内容で、どのような見方・考え方を取り上げることができるのかをまとめる。図表 3-10 がそれである。

　図表 3-10 のように整理すると、『経済教育』に掲載されている過去の多くの実践が 2018 年版に対応した授業づくりをする際にも参考になることがわかる。2018 年版の下では、図表 3-10 に整理した見方・考え方を各項目で意識し

図表 3-10　見方・考え方を意識した経済教育カリキュラム

項目	内容	見方	考え方	参考実践
経済活動の意義		分業と交換	効率と公正	
市場経済・貨幣	効率的な資源配分	希少性 トレード・オフ 機会費用	効率	7、9、22
企業・金融	株式会社 直接金融と間接金融	分業と交換	効率と公正	15、16
労働	労働法制		対立と合意 公正	3、5
社会資本	政府の役割 市場の失敗		効率と公正	20
環境問題	排出権取引	インセンティブ	対立と合意 効率と公正	4
社会保障	年金問題		対立と合意 公正	2
消費者保護	情報の非対称性		公正	
財政・租税	増税と財政再建	トレード・オフ	対立と合意 公正	8
貿易	比較優位	分業と交換	効率	23

出所：筆者作成

ながら授業づくりをしていくことになろう。

　例えば、No.6 の直接金融と間接金融に関する実践は、経済学者が高校生向けに実施した授業実践を中学生にも十分実施可能なものであるとして報告されているが、見方・考え方を意識したものではない。しかし、この実践を参考にしつつ、金融とはお金に余裕のある者とお金を必要にする者との間で行われる資金の融通であることを、分業と交換という見方を用いて授業を再構成することや、金融システムが存在することで効率的な経済活動が行われているという考え方から金融の役割を認識させるといった 2018 年版に示された見方・考え方を踏まえた授業づくりができる。

6　小　　　括

　本章では、2018年版における中学校経済教育の授業づくりにむけて、これ
までの授業実践を見方・考え方を軸にして整理した。本章によって明らかに
なった点と今後の課題を述べて本章を閉じたい。

　前半においては、2018年版において改めて注目されている見方・考え方に
ついて経済教育においてはどのように理解すべきか検討を加えた。経済教育に
関係する、対立と合意、効率と公正、希少性、分業と交換という見方・考え方
の関係性が2018年版解説では明確にはなっていない。この点について筆者は、
図表3-5のように捉えることができるのではないかと考えた。2018年版の実
施にむけてより一層の議論を期待したい。

　後半では、前半の見方・考え方の整理をもとに、図表3-10のように、見方・
考え方を意識した経済教育カリキュラムを構想した。図表3-10からわかるよ
うに、一部の項目については今回取り上げた『経済教育』の2006～2018年
版には授業実践の紹介はない。これらの項目については、他の教育雑誌、学会
誌等に掲載されている授業実践も参考にしながら見方・考え方を意識した授業
開発が求められる[10]。

関本　祐希

注
1)　文部科学省『中学校学習指導要領（平成29年告示）解説社会編』東洋館出版社、2018年。
　2)　文部科学省中央教育審議会『幼稚園、小学校、中学校、高等学校及び特別支援学校の学
　　習指導要領等の改善及び必要な方策等について（答申）』2017年、p.33。
3)　文部科学省、前掲書、p.126。
4)　文部科学省、前掲書、p.130。
5)　石井英真『中教審「答申」を読み解く―新学習指導要領を使いこなし、質の高い授業を創
　　造するために―』日本標準、2017年、p.30。
6)　原田智仁『中学校　新学習指導要領　社会の授業づくり』明治図書、2018年、pp.44-46。
7)　原田智仁、前掲書、p.125。

8) N・グレゴリー・マンキュー、足立英之他訳『マンキュー入門経済学（第2版）』東洋経済新報社、2014年、pp.4-5、pp.14-15。

9) 第30回日本公民教育学会全国研究大会（福岡大会）（2019年6月23日開催）における分科会発表において本研究を報告したところ、学会員の先生方から様々なご質問ご意見をいただいた。図表3-5はいただいたご意見を参考に、筆者なりに現時点の考えを示したものである。先生方に感謝申し上げるとともに、今後も深めていきたい。

10) なお、拙稿「中学校における経済概念学習の展開―『社会科教育』の分析をもとに―」『大阪教育大学大学院実践学校教育研究』20号、2017年、pp.37-44では明治図書が出版する月刊誌『社会科教育』に掲載された授業実践の整理・分析を行っている。

この章をより深めるために

・『経済教育』（経済教育学会編）

　　経済教育学会が発行する学会誌。近年は、中学校に関する授業実践についても数多く掲載されている。バックナンバーについては、CiNii（https://ci.nii.ac.jp/）で検索ができ、本文も読むことができる。図表3-7に示した23の授業実践の他にも、高等学校の授業実践の掲載も多く参考になる。この他にも、経済教育に関係する主な学会が発行する学会誌は次のものがある。このうち②・③は、バックナンバーについては本文も読むことができる。

① 『公民教育研究』（日本公民教育学会）

② 『社会科研究』『社会科教育論叢』（全国社会科教育学会）

③ 『社会科教育研究』（日本社会科教育学会）

④ 『社会系教科教育学研究』（社会系教科教育学会）

・『社会科教育』（明治図書）

　　現在、一般書店で入手できる月刊誌としては唯一、社会科教育を専門に扱う雑誌である。毎月特集テーマに沿った現職教員の授業実践が数多く掲載されている。日々の授業実践にすぐに役立つ内容が盛り込まれている。また、日本の社会科教育の現場のトレンドを把握する際にも有用な雑誌である。

・原田智仁『中学校新学習指導要領　社会の授業づくり』明治図書、2018年

　　学習指導要領改訂時に出版されることが多いHow to本とは一線を画した骨太の一冊である。

前半では新学習指導要領を起点として「見方・考え方を生かした社会科授業づくりの方法」を示している。続いて後半では地理・歴史・公民の各分野における見方・考え方を生かした授業例が紹介されている。見方・考え方を意識した授業づくりをする際に参考にしたい。

・木暮太一『落ちこぼれでもわかるミクロ経済学（改訂新版）』マトマ出版、2010年

・木暮太一『落ちこぼれでもわかるマクロ経済学（改訂新版）』マトマ出版、2010年

本書は、大学で経済学を学びはじめた学部1・2年生が教科書を読みこなすための参考書と

して書かれたものである。筆者のような経済学部出身でない教員にとっては、経済学者の書いた教科書を最初から読みこなすのは難しい。そのような方におすすめの一冊である。

　この類の書籍の場合、数式を全く使わないものも多い。しかし本書は数式も適宜使用しながら説明がなされている点も、次のステップに進む上では有用である。

第4章 経済教育テストからみる経済教育

1 本章の概要

　本章は、公立中学校3年生を対象に行った経済単元の習得確認テストの結果をもとに、生徒たちの学びの実態を把握し教師の授業改善に活かしていくことを目的として行った研究の報告である[1]。異なる2校、3教諭の授業後に同一の評価問題を実施し、その結果を分析・考察した。その上で、生徒の課題や教師の授業方法の問題点を探り、次年度以降の授業改善につなげることを試みた。単年度の研究考察の結果であるため、授業改善が生徒へもたらした効果や課題には言及できていない。そのため今後の継続した研究が必要である。

2 問題の所在

　社会科の目的は社会的なものの見方・考え方を学ぶことにあるが、ともすれば知識偏重の暗記学習に陥りがちである。観点別評価の導入により「知識・理解」だけでなく「活用の技能」を身につけ、「思考・判断・表現」する力を身につけさせることが重要視されるようになった。それに伴い評価問題（入試問題）にもその視点が取り入れられるようになっている。しかし、経済分野の学習時期が3学期であるため、生徒の学習の到達度を知る機会も少なく、経済分野の学習に精通している教師も少ない。

　そこで、経済分野の学習で身につけさせたい制度やしくみ、経済的な見方・考え方についての評価問題を活用し、その結果分析から生徒の理解の実態やつまずきを知る。そこから、生徒の理解を深めるような授業の展開や方法を探り

授業改善につなげていくことで、生徒たち本来の学びをとり戻していくことを研究の目的とする。

3　評価問題の分析と授業実践

「高校入試問題を活用した新しい中学経済教育」[2] では評価問題の意義を、次の4点で捉えている。

① 子どものつまずきが分かる。

② 教師の授業改善につながる。

③ 生徒の意識を転換させる。

④ 子どもの真正の学びにつながる。

そこで、近年の高校入試問題[3] や『現代経済リテラシー標準テストによる学習成果の測定生活経済テスト問題集』[4] から引用し、中学生版の経済単元の習得確認テストを作成、実施し結果を分析した。

（1）経済単元の習得確認テストの実施（平成28年3月）と結果（図表4-1、4-2）

対象生徒

A中学校2クラス（a教諭担当62名）2クラス（b教諭担当58名）

B中学校5クラス（c教諭担当156名）

合計276名（在籍数308名中）

・「子どものつまずき」を明確にするために問題を3分類して、正答率の高い問いや誤答の内容を明らかにしていく[5]。

・経済的な見方や概念に関する問い（11問）正答率69%

・経済のしくみや制度に関する問い（17問）同58%

・その他、時事問題や入試問題（2問）同46%

図表 4-1　経済用語習得確認テストの結果（出題順・学校別）（単位%）

	設問の分類	設問の内容	A中学		B中学	
			a教諭	b教諭	c教諭	全計
	設問の分類	設問の内容	正答率	正答率	正答率	正答率
1	概念・見方	希少性	87.1	88.3	93.0	89.5
2	しくみ・制度	家計	67.7	76.7	70.0	71.5
3	しくみ・制度	財とサービス	74.2	62.1	78.0	71.4
4	しくみ・制度	財とサービス	54.8	69.6	74.0	66.1
5	しくみ・制度	契約	4.8	6.9	63.0	24.9
6	しくみ・制度	貨幣	85.5	75.9	75.0	78.8
7	概念・見方	貨幣	67.7	63.8	71.0	67.5
8	しくみ・制度	所得	17.7	17.2	40.0	25.0
9	概念・見方	貯蓄	96.7	89.7	90.0	92.1
10	概念・見方	価格	95.2	96.6	90.0	93.9
11	概念・見方	市場経済	41.9	32.8	56.0	43.6
12	概念・見方	需要と供給	66.1	65.5	67.0	66.2
13	概念・見方	需要と供給	53.2	48.3	53.0	51.5
14	しくみ・制度	企業	93.5	91.4	90.0	91.6
15	時事・その他	企業	42.6	44.8	35.0	40.8
16	しくみ・制度	株式会社	80.6	72.4	85.0	79.3
17	しくみ・制度	独占と寡占	54.8	60.3	54.0	56.4
18	概念・見方	自由貿易	66.1	60.7	75.0	67.3
19	概念・見方	自由貿易	62.9	58.9	83.0	68.3
20	概念・見方	為替相場	51.6	43.1	57.0	50.6
21	概念・見方	景気変動	66.1	55.2	69.0	63.4
22	しくみ・制度	金融	38.7	25.9	49.0	37.9
23	しくみ・制度	銀行	56.5	58.6	56.0	57.0
24	しくみ・制度	税	79.0	74.1	81.0	78.0
25	しくみ・制度	税	27.4	24.1	24.0	25.2
26	しくみ・制度	財政政策	41.9	56.9	56.0	51.6
27	しくみ・制度	金融政策	54.8	50.0	58.0	54.3
28	しくみ・制度	社会保障	53.2	56.9	52.0	54.0
29	しくみ・制度	社会保障	77.4	62.1	82.0	73.8
30	その他	労働	45.2	48.3	63.0	52.2

出所：筆者作成

図表4-2　分析結果（分類別・正答率順）　単位%

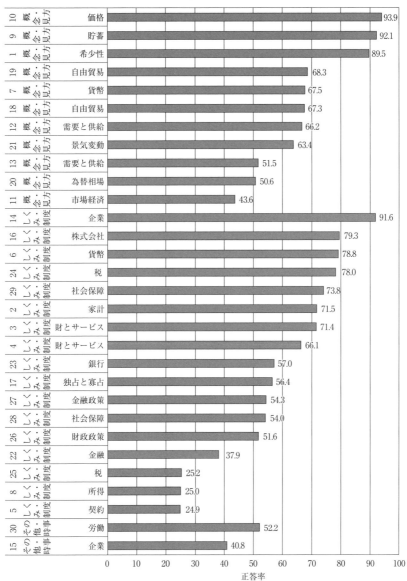

番号	分類	項目	正答率
10	概念・見方・考え方	価格	93.9
9	概念・見方・考え方	貯蓄	92.1
1	概念・見方・考え方	希少性	89.5
19	概念・見方・考え方	自由貿易	68.3
7	概念・見方・考え方	貨幣	67.5
18	概念・見方・考え方	自由貿易	67.3
12	概念・見方・考え方	需要と供給	66.2
21	概念・見方・考え方	景気変動	63.4
13	概念・見方・考え方	需要と供給	51.5
20	概念・見方・考え方	為替相場	50.6
11	概念・見方・考え方	市場経済	43.6
14	しくみ・制度	企業	91.6
16	しくみ・制度	株式会社	79.3
6	しくみ・制度	貨幣	78.8
24	しくみ・制度	税	78.0
29	しくみ・制度	社会保障	73.8
2	しくみ・制度	家計	71.5
3	しくみ・制度	財とサービス	71.4
4	しくみ・制度	財とサービス	66.1
23	しくみ・制度	銀行	57.0
17	しくみ・制度	独占と寡占	56.4
27	しくみ・制度	金融政策	54.3
28	しくみ・制度	社会保障	54.0
26	しくみ・制度	財政政策	51.6
22	しくみ・制度	金融	37.9
25	しくみ・制度	税	25.2
8	しくみ・制度	所得	25.0
5	しくみ・制度	契約	24.9
30	その他・時事	労働	52.2
15	その他・時事	企業	40.8

正答率

出所：筆者作成

（2）　教師による授業実践の方法と、生徒の誤答との関係

　A中学校とB中学校の授業計画と授業方法を比較すると、A中学校は教科書に沿った授業展開で、ICT機器などを活用した資料の提示などを行ってはいるが、一斉授業が中心の授業形態であった。

　B中学校では、導入にクイズを用いて生徒の意欲を高めたり、グループワークなどの活動を多く取り入れたりして、子ども同士の対話を通して学習を深めていくアクティブラーニングが展開されていた。

　A中学校では、教師主導の受動的な学びであるが、B中学校は生徒自身が参加する主体的な学びの機会が多く設けられており、問題の傾向に限らず正答率は全体的にB中学校の方が高い結果となっている。

4　評価問題の分析と授業実践の関係

（1）「生徒のつまずきを明確にする」

　設問の分類別に正答率を比較すると、経済的な概念や見方の設問の方が、69％の正答率で、制度やしくみの正答率58％より11％も高いという結果になっている。

　経済的な見方や考え方は、理論的知識（わかる、推論する力）を習得できているかどうかを問うためのものである。生徒たちは、実生活の中で多かれ少なかれ消費者として経済生活を体験しているため、選択肢のなかの用語が分からなかったとしてもその概念や考え方を類推する力を身につけている可能性が高いと推測できる。

　そのため、身近な「価格」「貯蓄」「希少性」などの問いの正答率は非常に高いが、「貿易」や「為替相場」など国際的な視野にたつ問い、「市場経済のしくみ」と「価格」とを関連づけた問いに関しては、正答率が下がる傾向にある。

　制度やしくみの理解とは、事実的知識（具体的事実）を習得することである。そのため、授業において得た知識や用語が習得できているかといういわゆる暗記による用語の習得に依拠している問いが多い。そのため、問題集などで反復学習をする習慣が身ついていない生徒にとっては、かえって正答率が下がる結

果となったのではないかと思われる。

　「企業」「財とサービス」などは、一問一答でひとつの知識を習得していると正解できるため正答率が70％をこえているが、同じ財とサービスの問いでも、2つの知識がないと正解できない問いは正答率が下がっていく傾向にある。また、「市場経済」「金融」「税のしくみや特徴」は、選択肢の内容が事実的知識を活用して理論的にわかる・類推する力を必要とする問いであるため、用語の習得だけでは正答することが難しい。用語を習得したつもりになっていたとしても、選択肢があることによりかえって曖昧な記憶では正答にたどりつくことが難しくなっているのではないかと考えられる。

　特に、所得税の累進課税と消費税の逆進性を問う問題は、非常によくある基本的な問いである。しかし、正答率が25％程度で、ほとんどの生徒の間違い方が、「消費税は、消費額に応じて税率が決まる」を選択している。これは、「税率」「税負担の割合」と「税負担額」が混同されているために生じる誤答である。用語の暗記で学習が停滞し、内容の理解が不十分なままで本来の「学び」につながっていないことが分かる。まさに、生徒のつまずきが顕著に顕れている問いである。

　また、「日本の企業の特色」「日本の雇用状況」は、入試問題の類題であるが、どちらも誤答が1つに集中していて、正答と二分されていることが分かる。これは、大企業の「数」と大企業の「生産額」が混同されていたり、「株主総会」と「取締役会」の違いが充分に理解出来ていなかったりすることによる誤答である。

　このような選択肢の文章に、複数の知識の習得と、さらにそこから現代社会の様子を類推しなければならないような問いは、総合的な判断をする力が必要であり、それほど高い正答率にならない傾向にあることが今回のテストの結果からみえてきた課題である。

　このような生徒のつまずきやすい点は、授業においてできる限り具体的に示したり、同じような問い方の問題をさせておいたりするなどの反復学習をはじめ、自身が体験できるようゲームなどで実感させることにより、生徒の誤答は少なくなり習得率を高めていく可能性があるだろう。

（2）「教師の授業改善につながる」

　学校別、教諭別の正答率結果の詳細を見ていくと、いくつかの問いに顕著な差が生じている。例えば、「所得」の分類、「契約」に関する問いは、A中学校とB中学校を比較すると、A中学校の正答率が著しく低い。所得の分類に関しては、「給与所得」は身近な存在であるため理解しやすいが、それに比べて「事業所得」や「財産所得」はやや想像しがたく、「移転所得」はさらに難しい。そのため具体例をたくさん示している方が理解しやすいといえる。c教諭は、生徒の関心や興味に応えて「プロ野球選手」を個人業主の例としてあげているが、A中学では、農家や商店などを例としてあげていただけなので、異なる職種が出題されたときに自身で考え正答を導き出すことが難しくわずか17％しか正答していない。また、契約に関しては、A中学校の使用している教科書には類題があるにもかかわらず、正答率はわずか6％程度で誤答の傾向もa教諭、b教諭によって異なっている。しかし、B中学校（c教諭）では、60％と高い正答率になっている。また、a教諭は誤答の傾向が正答以外の3つに分散し、b教諭は2つに集中していることから、どちらの教諭も教える側の充分な理解や説明が不足していたため、生徒たちも正しく理解できなかったのではないかと考えることができる。

5　小括 ― 考察と課題

　今回のテストの結果分析により、生徒のつまずきやすい問いや、教師自身の教材の理解の不足している点が明らかになった。後者の解決のためには、教師の授業内容の一層の研究が必要となる。しかし、用語テストの選択肢の作成や模範解答作成の過程が、教師自身が理解できていない点を発見することにつながったり、効果的な指導を考えたりする手がかりとなるはずである。また、生徒のつまずきの発見は、授業方法の工夫や内容の精選につながる。生徒自身のお互いの経験の中から、経済的な事象を引き出し交流する機会を設けるなどの授業改善に取り組むことで生徒の学びを保障できる可能性が高まるはずである。それが、生徒の意識を転換し、より深い学びにつながっていくことを願

い、次年度以降の授業改善プランを計画していきたい。

乾真佐子

注

1) 乾真佐子、奥田修一郎、関本祐希、裴光雄、「経済単元の習得確認テスト結果と授業改善 ― 中学生を対象に ― 」『経済教育』第 37 号（2018 年 9 月）より再編。

2) 奥田修一郎、「高校入試問題を活用した新しい中学経済教育」、経済教育ネットワーク　年次大会（2016 年 3 月）同志社大学　発表資料。

3) 『2017 全国高校入試問』旺文社・『2017 大阪府公立高等学校過去問』英俊社などを参考に（設問 15、24 ～ 30 など）作成。

4) 早稲田大学、山岡道男、浅野忠克、阿部信太郎編『現代経済リテラシー標準テストによる学習果の測定生活経済テスト問題集（第 1 回～第 10 回）』早稲田大学アジア太平教研究センター経済教育研究部会 2012 年から引用（設問 7、11、18、19、20）、中学生向けの平易な表現（設問 3、4、13、14 など）に改題し、合計 30 問を中学校における経済単元の習得確認テストとした。

5) アメリカ経済教育協議会編『経済学習のスタンダード 20』消費者教育支援センター、2000 年を参考に「しくみ・制度」と「概念や見方・考え方」に分類。

経済用語の習得確認テスト

1. 消費活動に際して、何をどれだけ消費するかを選択しなければならない理由は、

(希少性)

① 欲求に対して、使えるお金や商品が無限にあるから。

② 欲求に比べて、使えるお金や商品が限られているから。

③ 欲求に比べて、使えるお金や商品がまったくないから。

④ 欲求が少ないのに、使えるお金や商品が無限にあるから。

2. 市場経済における家計の役割は、 (家計)

① 政府から補助を受けて、商品を販売することです。

② 経済全体がうまく機能するように調整することです。

③ 所得を用いて、商品を購入し、消費することです。

④ 資本・土地・労働力を使い、商品を生産することです。

3. 次の中で、サービスへの消費支出はどれか。 (財とサービス)

① ノートパソコンの購入代金を支払う。

② お年玉を銀行に預金する。

③ 携帯電話の通話料金を支払う。

④ スーパーで買った食料品の消費税を支払う。

4. 有紀さんは、映画を見るためにお金を支払い、映画館内でポップコーンも買いました。彼女がお金を払ったものについて、正しいのは、 (財とサービス)

① 映画もポップコーンも財

② 映画もポップコーンもサービス

③ 映画は財で、ポップコーンはサービス

④ 映画はサービスで、ポップコーンは財

5. ある人が商店に行き、商品の購入をすすめられて買うことに合意しました。この時売買契約が成立するのは、 (契約)

① 口頭で、「買う」と言ったとき

② 契約書に印鑑を押したとき

③　代金を支払ったとき

④　商品を受け取ったとき

6.　クレジットカードを利用すると、　　　　　　　　　　　　　　（家計）

①　現金がなくても買物ができるが、使用することに利子を払います。

②　買物と同時に、預金口座から代金が引き落とされます。

③　あらかじめ支払った金額分だけ、自由に買物ができます。

④　後払いで買物ができるが、それは債務となり一種の借金となります。

7.　映画のチケットを買うためにお金が使われるとき、この貨幣が果たした主な機能
は、　　　　　　　　　　　　　　　　　　　　　　　　　　　　　（貨幣）

①　価値の貯蔵

②　交換手段

③　価値尺度

④　資金の流通

8.　一般に、プロ野球選手の収入の得かたは、　　　　　　　　　　（所得）

①　給与所得

②　事業所得

③　財産所得

④　移転所得

9.　次のどの家族が、毎月貯蓄しているか。　　　　　　　　　　　（貯蓄）
支出は、消費支出のことです。

①　佐藤家は毎月、25万円の収入があって、30万円を支出しています。

②　田中家は毎月、50万円の収入があって、50万円を支出しています。

③　鈴木家は毎月、40万円の収入があって、35万円を支出しています。

④　山田家は毎月、42万円の収入があって、45万円を支出しています。

10.　ある商品の価格が上がれば、一般に消費者は、　　　　　　　（価格）

①　その商品の購入量を変えない。

②　その商品を前より多く購入します。

③　その商品を前より少なく購入します。

④　その商品を自分で製造するようになります。

11.　競争的な市場において、ガソリンの販売量を増加させると思われるのは、

（市場経済）

①　原油価格の上昇
②　自動車価格の低下
③　消費者の所得減少
④　ガソリンの増税

12.　とうもろこしの需要が急に減少したが、供給には変化がない場合、　（需要と供給）
①　消費者はとうもろこしを、今までより低い価格で買うであろう。
②　消費者はとうもろこしを、今までより高い価格で買うであろう。
③　とうもろこしの価格に変化は起こらない。
④　とうもろこしの販売量に変化は起こらない。

13.　DVDの価格が下がるのは、DVDの　　　　　　　　　　　　（需要と供給）
①　供給が増加した場合
②　供給が減少した場合
③　需要が増加した場合
④　需要が増加し、供給が減少した場合

14.　ある企業の売上が100億円であり、生産や販売にかかる費用が、80億円の時、利潤はいくらになるか。　　　　　　　　　　　　　　　　　　　　　　（企業）
①　20億円
②　80億円
③　100億円
④　180億円

15.　日本の企業の特色として、　　　　　　　　　　　　　　　　　　（企業）
①　企業数の大半を大企業が占めており、少数の中小企業が下請けや孫請けとなってこれらの大企業を支えています。
②　大企業の多くは株式会社の形態をとっており、取締役会によって選出された株主が、株主総会に出席して会社の方針を決定しています。

③　企業の目的の一つは利潤の獲得であるので、利潤追求を目的としない市営バスなどの公共事業は企業とはみなされません。

④　新しい技術やアイデアを生かして設立された企業は、ベンチャー企業とよばれ、今後の日本経済の活力として期待されています。

16.　株主が企業から受け取る利潤の一部は、　　　　　　　　　　　　　　（株式会社）

①　資本です。

②　利子です。

③　賃金です。

④　配当です。

17.　わが国の自動車・ビール・板ガラスのように、少数の有力な企業が、その産業を支配する市場は、　　　　　　　　　　　　　　　　　　　　　　（独占と寡占）

①　寡占市場

②　独占市場

③　自由市場

④　統制市場

18.　貿易が拡大すると、世界的に、　　　　　　　　　　　　　　　　　（自由貿易）

①　生産が増します。

②　失業を生み出します。

③　生活水準が下がります。

④　互いの依存が減ります。

19.　日本とサウジアラビアが貿易をし、自動車と石油が輸出入されると、　（自由貿易）

①　どちらの国も、得をします。

②　どちらの国も、損をします。

③　日本は得をするが、サウジアラビアは損をします。

④　サウジアラビアは得をするが、日本は損をします。

20.　円高ドル安になると、日本国内では、　　　　　　　　　　　　　　（為替相場）

①　輸入品が高くなります。

②　電気代が高くなります。

③　輸出がしづらくなります。

④　海外旅行がしづらくなります。

21.　好景気の時に起こる現象は、　　　　　　　　　　　　　（景気変動）

①　物価の上昇と失業者の増加

②　物価の下落と失業者の増加

③　物価の上昇と失業者の減少

④　物価の下落と失業者の減少

22.　金融は、経済活動を円滑にするための重要な仕組みであり、　　（金融）

①　金融機関を通して、貸し手と借り手の間で資金の貸し借りをするしくみを直接金融といいます。

②　一般の銀行は家計や企業からお金を預金として預かり、家計や企業に貸し付けを行います。

③　日本銀行は、増税や減税などの財政の活動を通じて景気を調節する政策を行います

④　日本銀行は、不景気のとき、家計に対して直接貸し付けを行います。

23.　日本国内の銀行では、一般に、　　　　　　　　　　　　　（銀行）

①　貸出金利は預金金利より高い。

②　貸出金利は預金金利より低い。

③　貸出金利と預金金利は同じです。

④　貸出金利と預金金利は無関係です。

24.　収入の多い人には高い税率が課せられ、少ない人には低い税率が課せられる租税は、　　　　　　　　　　　　　　　　　　　　　　　　（税）

①　関税

②　所得税

③　法人税

④　消費税

25.　消費税は、　　　　　　　　　　　　　　　　　　　　　　（税）

①　所得の低い人ほど、所得に対する税負担の割合が重くなる。

②　消費額に応じて税率が決まる。

③　所得に応じて税率が決まる。

④　間接税のため、都道府県によって税率が異なる。

26.　不景気の時、政府が採用する政策は、　　　　　　　　　　　　（財政政策）

①　公共事業を増やすことと減税することです。

②　公共事業を増やすことと増税することです。

③　公共事業を中止することと減税することです。

④　公共事業を中止することと増税することです。

27.　不景気の時、日本銀行が採用する政策は、　　　　　　　　　　（金融政策）

①　公共投資を増やします。

②　公共投資を減らします。

③　国債を売ります。

④　国債を買います。

28.　我が国の社会保障の中で、さまざまな理由で生活に困っている人々に対して、生活費や教育費を支給し、自立を支援するための金銭やサービスを支給する制度は、

（社会保障）

①　公衆衛生

②　社会福祉

③　社会保険

④　公的扶助

29.　公的年金制度は、　　　　　　　　　　　　　　　　　　　　　（社会保障）

①　加入者がすべての保険料を負担していて、税金は使われていません。

②　現役世代が負担した保険料を高齢者に支給しています。

③　年金を受け取る本人が積み立てて保険料が自分の年金資金になります。

④　加入者の 90％が、国民年金と厚生年金に加入しています。

30.　近年の日本の労働や雇用の状況は、　　　　　　　　　　　　　　（労働）

①　年間労働時間は減少傾向にあるため、過労死や労働災害はほとんどみられなくなっています。

②　年功序列型にかえて、成果主義にもとづく賃金制度を導入する企業が多くみら

れるようになっています。

③　外国人労働者は一般に日本人労働者より高賃金であるため、外国人労働者を雇用する企業は減ってきています。

④　景気変動に合わせて雇用調整をしやすくするため、終身雇用を採用する企業が増えてきています。

第5章　経済教育テストをもとにした授業改善

1　本章の概要

　前章の経済単元の習得確認テストの分析結果から、生徒のつまずきやすい問題の傾向や、教師の授業方法や教材理解の課題などが明らかになった。本章では、生徒の本来の学びをとりもどしていくために、3つの授業改善案を示した。その際、平成29年度告示の学習指導要領の目標に沿い、「学びに向かう力・人間性等」主体的に取り組む態度、「思考力、判断力、表現力等」の育成、「知識及び技能」の習得の3つの観点を評価の規準として用いることとした。

　公民学習の導入や経済学習の導入で実施し、これからの学習の概要を知ることにより主体的に取り組む動機づけとなることや、単元で習得すべき知識や社会的な見方や考え方を、班での学習の過程を通して自分自身で課題に気づくことを重視した。しかし、これらの授業方法を取り入れることにより前章の経済単元の習得確認テストで正答率の低かった問題に対して効果があったかどうか、その関連性については言及できていない。そのため、生徒の学習の振り返りを参考にし、今後もPDCAサイクルに則った授業改善を行い、その効果を検証していく必要がある。

2　問題の所在

　石井英真は、「教師に求められる学びとは ― 教師による教師の成長のための実践研究」[1]において、次のように述べている。

　そもそも教科学習の本来的意味は、それを学ぶことで身の回りの世界の見え方や関わり方が変わることにある。「わたり」（単元や授業の導入部分で生活場面を用い、生活的概念から科学的概念への飛躍や抽象化を図る）のみならず「もどり」（学習の集大成として単元末や学期の節目に「使える」レベルの課題を設定し、よりリアルで複合的な生活に概念を埋め戻す）を意識することは、教科内容の眼鏡としての性格を顕在化することを意味する。日々の授業で「わかる」レベルの学び（豊かな習得）を追求しつつも、単元末や学期の節目で「使える」レベルの学びの機会を意識的に保障していくことが求められるのである。

　学ぶ意義も感じられず、教科の本質的な楽しさにも触れられないまま、多くの子どもたちが、教科やその背後にある世界や文化への興味を失い、学校学習に背を向けていっている。社会科嫌いが社会嫌いを、国語嫌いがことば嫌い、本嫌いを生み出している。「真正の学習」の追求は、現代社会からの要求に応える以前に、目の前の子どもたちの有意義な学びへの要求に応えるものなのである。

　前章の経済単元の習得確認テストの分析結果から、生徒の課題として挙げられるのは、用語の暗記つまり「知識」の習得だけをめざし、内容の理解がすすんでいない点にある。同時に、「経済的な見方や概念」については、内容は理解できていても知識として定着していないために「概念」を「活用」することが難しくなっている。

　自身の授業を振り返ってみると、石井英正が言う「わかる」レベルの学びの機会も、「使える」レベルの学びの機会も十分に保障できていないと考えられる。生徒のつまずきの傾向やポイントを知り、指導上の留意点を明確にするだけでなく、目の前にいる生徒の実態に応じた学びの場を提供していくために以下の３つの授業改善案を作成した。

　単元や授業の導入部分で生活場面を用い、生活的概念から科学的概念への飛躍や抽象化を図る「わたり」として、公民学習の導入、経済学習の導入で授業改善案（１）「効率と公正」を考える（２）「経済の三主体からお金の流れを学ぶ」を、それぞれ提案する。学習の集大成として、単元末や学期の節目に「使える」レベルの課題を設定し、よりリアルで複合的な生活に概念を埋め戻す「もどり」を意識した授業を、経済学習、公民学習のまとめとして（３）「税と社会保障」を提案する。

　これまでの教師が教授する学習だけでなく、生徒の興味を喚起し、生徒が参加して「考える」「決定する」場を設定することで、日々の授業で「わかる」レベルの学びを追求することができる。そして、多様な考えを知る機会を得ることが、自身の考えを深めることにつながり知識が定着し、「使える」レベルの学びにつながると考えた。学校外や将来の生活で課題に遭遇した時に「使える」レベルの学力を育成していくことを意識した授業づくりをしていきたい。

3　授業改善案

（1）　公民学習の導入 ―「効率と公正」を考える。

　1）　学習のねらい

　　社会的な価値判断や合理的合意形成のために大切とされる「効率と公正」を理解するために、実際に話し合いを行い「合意」に至る過程を経験させる。その活動を通して、実際の社会生活ですでに「効率」と「公正」を用いながら自分たちが価値判断をしていることに気付かせる。

　2）　学習課題

①　ルールの決め方とその利点・問題点を考える。

②　実際の現実的な課題で、どの方法で決定するかを考える。

③　「合意」形成を行う上で、大切にしたいことを交流する。

　3）　学習指導案

◆単元　学習指導要領　中学社会　公民的分野

　　A　私たちと現代社会　（2）現代社会をとらえる枠組み

◆指導計画および評価計画（第3学年　4時間）

現代社会をとらえる見方や考え方

単元項目	時数	学習内容－A（2）	項目
1　社会における私たちのきまりと意義	1	社会的存在としての人間・家族と社会・社会生活ときまり	ア（イ）イ（ア）
2　対立と合意	1	問題を解決するためののぞましい決定のしかた	ア（ア）イ（ア）

| 3　効率と公正 | 1 | 公正な社会をつくるために必要な効率の良さと公正性 | ア（ア） |
| 4　きまりを守る責任とその評価 | 1 | 決まりを守る責任
きまりの評価と変更 | ア（イ）
イ（ア） |

◆教材観

　私たちは、日常生活のなかで多くの人々と利害を調整しながら暮らしている。さまざまな考え方のある中で「対立」が生じ、その問題や課題を解決するために話し合いが行われ「合意」に至る。その過程に用いられているさまざまな方法にはどのような機能があり、その手続きがいかに民主的な方法であるかに気づかせたい。

　その際、大切にしなければならないことが相反する「効率と公正」の概念である。経済活動のなかでは、より合理的で効率的な方法が重視され、それは時に個人を脅かすような状況を生み出すこともある。現代社会においては効率性だけでは、より多くの人が快適な生活を送ることができない。すべての人が個人として尊重される公正（公平）な社会であるために、公民学習ではさまざまな見方や考え方を身につけることを目標としている。

◆本時（第2時）のねらい

・合意の妥当性の判断基準として、「効率」と「公正」があることを理解する。

・さまざまな社会のできごとを「効率と公正」の視点で判断することができるようにする。

◆評価の観点

・主体的に学習に取り組む態度 ・・・ 話し合いに積極的に参加し、課題に前向きにとりくんでいる。

・思考力・判断力・表現力 ・・・ 自分の意見だけでなく、他者の意見も参考にしながら考えをまとめている。

・知識・技能…「対立」と「合意」、「効率」と「公正」の考え方を理解している。

◆指導計画（第2時）および評価基準準備物：ワークシート・課題シート・筆記用具

対立と合意

	学習活動・内容	教師の指導・支援	評価基準
導入	前時の復習 ・最も小さな社会集団が、家族であることに気づく。 ・法・道徳・慣習のちがいを説明できる。	前時の復習・発問 ・自身が所属する社会集団について考える。 ・社会集団のなかに存在するきまりにはどのようなものがあるか。	・知識・技能：1つの集団だけでなくさまざまな集団に所属する社会的存在であることを理解できているか。 ・法、道徳、慣習の用語の暗記だけでなくちがいを理解できているか。
展開	・さまざまな合意の方法を考える （くじ・年長者が決める・多数決など） ・班学習 ・課題1：班で相談して、最もよいと思う方法を決定し、その理由も考える。 ・課題2：合意する方法のメリット、デメリットを話し合う。発表する。 ・課題3：自分の班の話し合いのしかたを検証しその意義に気づく。発表する。	・日常生活で生じる「対立」を、調整していくためにはどうすればよいか。どんな方法があるか考えさせる。（個別） ・課題提示 ・学級委員と掃除当番を決める方法とその理由（班学習） ・各班の発表 各班の発表からキーワードを抜粋してワークシートを完成させていき「効率」「公正」の概念に気づかせる。 ・「合意」に至る過程で大切にすべきことは何か黒板にまとめ知識を整理。	・主体的に取り組む態度：自分のこととして考え、話合いに積極的に参加しているか。自分の意見を述べているか。 他の班の意見をよく聴いているか。 ・知識・技能：話合いを通して、合意する方法の妥当性や、その意義を見いだすことができているか。 ・思考力、判断力、表現力：自分たちの班では、「公正」な方法で話し合いが行われていたか自己診断できているか。 知識、技能：「公正」の意味が正しく理解できているか。
まとめ	・実際の社会で起こりうる課題に対し、「効率」と「公正」のどちらも満たしつつ互いが納得できる形で合意形成していくことの大切さを知る。	・正しい方法で合意が得られたならどうすべきか、結果に対して負うべき責任について触れ、まとめとする。	・主体的に取り組む態度：ワークシートを集めて、本時の学習の成果と課題を明らかにし、次時以降の参考にする。

◆ワークシート

対立から合意へ

・あなたが所属する社会集団は？　　　　（　　　）（　　　）（　　　）など

・社会生活を円滑に行うためのきまり ― （　　　）（　　　）（　　　）

① 合意する方法 ― ルールの決め方

決め方の例	良い点	悪い点
ジャンケン くじ 年長者が決める		
話し合い 全員一致		
多数		

「合意」する時に大切りすべきことは何か？

② 合意をする時に大切なこと

・みんなの労力と時間は、無駄なく使われている＝　　　　（　　　）班では

「　　　」がよいか　　　　　　　　　　　　　　　　　◎○△×で判定

・手続きの公正さ…

・機会の公正さ…

・結果（内容）の公正さ…

③ 正しい方法で合意したら…どうすべき？

・決まった結果に…

◆実際に班学習を行った出た意見（2クラス76名実施）

① 合意する方法

決め方の例	良い点	悪い点
ジャンケン くじ 年長者が決める	・すぐに早く決まる ・パッと決めれることができる ・運だから公平 ・簡単・楽しい ・納得できる ・平等 ・けんかしない ・時間が短縮できる ・あきらめがつく	・不正をする人（後出し）がいる ・運がからむ。争いがおこる ・けんかする・不平等 ・不満が出る・納得いかない ・みんなの意見がいえない ・みんなの意見が聞けない ・ひいきが嫌・悪口がでる ・不満・文句が出る ・納得しにくい ・えらそうやからいや
話しあい 全員一致	・みんなの意見を聞くことができる ・自分の意見が言える ・自分と違う良い意見もでる ・意見を言い合える ・一番納得できる ・公平・もめない・決めやすい ・文句がでない・みんな納得	・時間がかかる・長い ・進まないことがある ・ごちゃごちゃいう人がいる ・言いたいことが言いにくい ・すぐに決まらない ・全員一致しにくい ・がまんする人がいる
多数決	・みんなの意見が聞ける ・たくさん案が出る ・早く決まる ・まあ納得できる	・少数派の意見が無視されるし、無駄になる ・たまに後で文句が出る ・雰囲気が悪くなる ・少数派が納得しない。かわいそう ・意見が分かれる ・多い方に流れる

② 合意をする時に大切にすべきことは？

・みんなの意見を尊重する、自分勝手なことをしない。自己中心的にならない。
・話をよく聞いて理解する、自分の考えが言い合えること　・元気をだす。
・自分のだけじゃなく他の人の意見（全員の）もしっかりと聞くこと
・みんなの意見を言い合えること　・ひとりひとりが積極的になること

（2）　経済学習の導入として ─「経済の三主体からお金の流れを学ぶ」

　1）　学習のねらい

　「消費者」「国・地方自治体」「企業」のお金の流れを知り、その役割に気づく。

　2）　学習課題

①　場面ごとで異なる「お金」の名称を知る。（知識の習得）

②　経済の三主体の図を作成して「お金の流れ」に気づく。

③　貨幣の役割について学ぶ。

　3）　学習指導案

◆単元　学習指導要領　中学社会　公民的分野

　　B　私たちと経済　（1）市場の働きと経済

　　　　　　　　　　　（2）国民生活と政府の役割

◆教材観

　経済学習では、生徒はすでに消費者としての生活は経験しているためその概念は日常生活のなかでかなり習得している。しかし、いわゆる経済用語を理解していない。そのため用語の知識を習得する場面が必要と考えた。政治学習の整理として用いられる三権分立の図と同様に経済学習の三主体の図を経済学習のまとめとしてではなく、導入として用い、これから学習する内容の概要を大きく捉えてからそれぞれの主体の学習に入っていくことにより、経済的な知識・技能の習得に役立つのではないかと考え、以下の授業を計画した。

◆評価の観点

・主体的に取り組む態度…実際の消費生活と照らし合わせながら主体的に取り組んでいる。課題に前向きにとりくんでいる。

・思考力・判断力・表現力…経済の三主体の図を「お金」の循環を意識しながら完成させることができる。

・知識・技能…「消費者」は「労働者」として「生産」に関わっていることや「税」が「公共サービス」「社会資本」として私たちの日常生活に還元されていることに気づき知識として習得していく。

◆指導計画および評価計画および評価基準（第3学年　経済分野の導入の1時間）

私たちの生活と経済

	学習活動・内容	教師の指導・支援	評価基準
導入	課題1 ・企業・家計・政府のそれぞれと関連のある役割カードを結びつける。（個別） 課題2 ・用語カードと説明カードを組み合わせる。（個別）	・経済活動を行う三主体とそれぞれの立場を結びつけて考えさせる。 ・身近に用いられている経済用語・「商品」「代金」「賃金」「税」「公共サービス」などとそれを説明するカードを選ばせることにより、「お金」や「モノ」が名称を変えながら、循環していることに気づかせる。	知識・技能：生産者・消費者・財政の3つの役割の担い手を分類できているか。 知識・技能：商品・代金・賃金・税の用語の暗記だけでなく、ちがいを理解できているか。知識の習得
展開	課題3 ・経済主体とそれぞれの間を行き交う「お金」や「商品」の流れをカードを使って関係を図示する。	・矢印を用いて、三主体の関係を表す図を班で相談しながら、作成させる。（班学習） ・お金はどのような役割をしているのか考えさせる。	・主体的に取り組む態度：自主的に考えているか。話し合いに積極的に参加しているか。自分の意見を述べているか。 ・他の班の意見をよく聴いているか。 ・思考力・判断力・表現力：三主体の図を作成できているか。 ・お金の役割（機能）を説明することができているか。
まとめ	・できあがった三主体の図をノートに書き写しながら、お金の3つの役割を学ぶ。 ・価値の尺度 ・価値の保存 ・交換の手段	・経済学習は、日頃の生活の中ですでに行っていることであり身近な生活と関係していることなど既習知識が多いことを知らせ学習の動機づけとする。	・知識、技能：三主体のなかを循環するお金を流通させる金融の役割を知らせ、今後の学習の予告とする。

◆ワークシート

◎経済活動全体のしくみを考えてみよう！

課題1　次の経済の3主体と、それぞれの立場を結びつけましょう。

| 消費者 | 生産者 | 政府・地方自治体 |

| 家計 | 企業 | 財政 | 税 |

課題2　お金やモノは、それぞれの場面で呼び方が変わります。
経済用語と内容を結びつけてみましょう。

| 賃金 | 代金 | 商品 | 税 |

| 公共（行政）サービス | 社会資本 | 国民の義務 |

| 公共（行政）サービス | 社会資本 | 国民の義務 |

| 商品を手に入れるために支払うお金 | 販売を目的として生産されたモノ |

| 働いたら受け取れるお金 | 金融 |

| 目に見える形のある商品 | サービス |

| 目に見えない形のない商品 | 財 |

| サービスの例： | 財の例： |

| 公共サービスの例： | 社会資本の例： |

課題3　経済の3主体の関係を図にしてみよう。

◆板書例

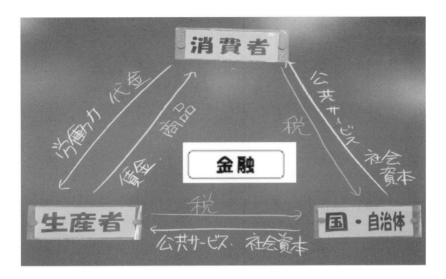

（3）　税と社会保障

1）　学習のねらい

　財政の制度やしくみの特徴を理解させるだけでなく、私たちの生活との関わり方を知り、国や地方公共団体が、国民の生活と福祉の向上を図るために、果たしている役割について考えさせる。また、その財源の確保と配分という観点から、現実の日本が抱える課題をとらえさせ、その解決方法を考えさせる。その際、さまざまな立場にたって考える場面を設定することにより、これから自分自身が生活する社会の在り方や、公民としての資質の基礎を養う。

2）　学習課題

①　日本の財政状況と進行が予想される少子高齢社会をふまえ、将来の社会の様子を予測する。

②　実際の国民の収入や納税額などを参考に、さまざまな立場の違いいによる納税者の意識や考え方の違いに気づく。

③　将来の財政政策、税制度や福祉政策の具体的方法を考えることにより納税者としての意識を高める。

3) 学習指導案

◆単元　学習指導要領　中学社会　公民的分野

　B　私たちと経済　　(2) 国民生活と政府の役割

◆指導計画および評価計画

単元項目	時数	学習内容 -B (2)	項目
1　財政のはたらき	1	財政の3つの機能と国民生活の保障	ア－(ア) (イ)
2　国の収入を支える税と公債 ・税の種類と特徴	1	歳入の内訳を学ぶことにより、税の種類、税の徴収方法の違いによる課題を学ぶ	ア－(イ) イ－(イ)
3　社会保障のしくみと財源・税の使い途	1	歳出の内訳を学ぶことによって税の役割を知る	ア－(ア) イ－(ア) (イ)
4　少子高齢化社会における福祉の充実・今後の課題	1	日本の公債残高の累積債務の実態と少子高齢社会での社会保障	イ－(ア) (イ)

◆教材観

　政府や地方公共団体は、第三の経済主体として、経済活動を行っている。その役割は、利益追求する私企業とは異なり、国民の生活と福祉の向上を果たすためにある。私たちの納めている税が国家財政、地方財政の財源となり、私たちに公共事業・公共サービスとして再分配されていることを知り、納税者としての意識を高めることをねらいとする。しかし、その徴収方法によって個々に強いられる負担が異なるという制度の特徴や、財政を圧迫するほどの累積債務の大きさなど財政の実態と課題を知り、今後、どのような税の使い方や徴収方法がふさわしいかをそれぞれで考えさせたい。

◆評価の観点

・知識・技能…税の種類やその使い途などの内容を理解している。グラフや資料から数値や特徴などを読み取ることができる。

・思考力・判断力・表現力…自分の意見だけでなく、他者の意見も参考にしながら考えをまとめている。

・主体的に取り組む態度…話し合いに積極的に参加し、課題に前向きにとりくんでいる。

◆指導計画および評価基準（第3学年　4時間）
　国家財政と国民の福祉

	学習活動・内容	教師の指導・支援	評価基準（評価方法）
第2時	・直接税と間接税の違い。 ・国税と地方税の違い。 ・累進課税・定率課税の違いと個人の負担に気づく。 ・借金である国債が大きな収入源となっていることも読み取る。	国家財政のグラフから、歳入の内訳を読み取らせる。 ・歳入の内訳が税の種類であることに気づかせる。 ・納め方、負担者によって税が分類されていることを説明する。	知識・技能：グラフの読み取りと、さまざまな税の種類の納税方法の違いを理解できているか。 思考力・判断力・表現力：税の徴収方法と負担の関係による課題を表現することができているか。
第3時	・税の使途と社会保障 ・歳出の内訳をみて具体的にどのようなことに使用されているか、自身の生活の中で受けている恩恵を考える。 ・国債費の割合の大きさを資料から読み取る。 ・累積債務の大きさに気づく。	・歳出のグラフから、税の使い途を読み取らせる。 ・既習の地方自治体の仕事から具体的な公共事業や公共サービスを思い出させる。 ・財政を圧迫する国債費と公債残高の累増グラフをみて、その歴史的背景や将来の財政状況を予想させる。	知識・技能：税の使い途と割合から、税が国民の所得の再分配機能を果たしていることを知る。 ・4つの社会保障制度を知る。 思考力・判断力・表現力：グラフの数値を読み取り、その特徴から今後の状況を予測することができているか。
第4時導入	・少子化と高齢化が、同時進行している日本の現状から、将来を考える。	・既習事項である少子高齢社会について発問 ・税収、歳出の増加・負担の割合など着目点をあげてこれからの社会を予測させる。	知識、技能：少子高齢社会の特徴を理解できているか。 思考力・判断力・表現力：少子高齢社会の課題を多面的に表現することができているか。
展開	・このまま公債を発行し続けたらどうなるか、どうすればこの状況を改善できるか前時の考えを発表し合う。 ・少子高齢社会での、歳出の増加、財源不足とそれ	・諸外国との税負担率の比較 ・日本の人口構造と将来像について ・日本は世代間扶養方式で実施している年金制度などがあることを情	学びに向かう力：自分の考えを述べ、積極的に話合いに参加しているか。 思考力・判断力・表現力：これまでの学習で得た知識を活用し、税負担と社会保

86

| 展開 | に伴う一人当たりの負担の大きさを知り、将来の税制度のあり方を考え、班の人と意見交流する。 | 報提供する。
・将来の日本の人口構成を予測させ、これからの税負担の在り方を考えさせる。
・世代ごとのつぶやきカード*1を準備し自分の考えがまとまらない生徒にも参加させより多くの意見を引き出す。 | 障の関係からどのような税制度を希望し、それを実現するための方法を考えることができているか。 |
| まとめ | ・それぞれの班の意見を参考に自分の税に対する意識の変化をふりかえりまとめる。 | ・黒板に班の意見を掲示し、自分の考えの参考にさせる。
・今後の国民（納税者）として学習の心構えについて話しまとめとする。 | 主体的に取り組む態度：ワークシートを集めて本時の学習の成果と課題を明らかにし、次時以降の参考にする。 |

注：＊1　参考資料　平成29年度版「私たちの生活と税」大阪府版　大阪府租税推進連絡協議会発行の指導ガイドブックより筆者作成

◆資料から作成したつぶやきカードの例
・各班には、この中から世代ごとに6種類のカードを配布。
・カードには、個々のつぶやきの例も表記し続きを考えさせる。

立場の違い	所得税率	収入（年間）	納税額	実際に使えるお金
中学生	なし	2万円	1,600円	18,400円
20代・学生アルバイト	5%	180万円	9万円	171万円
20代・非正規社員	10%	250万円	15万円	235万円
30代・病気療養中会社員	20%	350万円	27万円	323万円
30代・企業経営者	40%	2,000万円	520万円	1,420万円
30代・スポーツ選手	45%	1億5千万円	6,000万円	9,000万円
40代・子育て中	20%	500万円	57万円	443万円
40代・災害に見舞われた	23%	800万円	120万円	680万円
50代・介護もある	33%	1,000万円	176万円	824万円
70代・年金暮らし	10%	250万円	15万円	235万円

・それぞれの立場で意見を考えさせ、班の中で意見交流を実施。

◆ワークシート

国家財政と国民の福祉 （教p158～161）

日本国民には納税の義務があります。 税金は必要と思いますか？

1. 必要ない 　　2. まぁ、必要 　　3. どちらかと言えば必要 　　4. 必要 　　5. 絶対必要

1. 税負担は少なめ保障小 　　　　3. 負担はそこそこ保障もそこそこ 　　　　税負担多くて保障大. 5

1) 税金の種類と特徴 　（教p160②　冊子p1）

・税の種類 　（p148 2）

・どこに納めるか（
＿＿＿＿＿＿ 税 －国に納める（例、所得税. 消費税）
＿＿＿＿＿＿ 税 －都道府県や市町村に納める（例. 自動車税）

・どうやって納めるか（
（誰が）
＿＿＿＿＿＿ 税 －納める人と負担する人が同じ（例. 所得税）
＿＿＿＿＿＿ 税 －納める人と負担する人が異なる（例. 消費税）

・どのぐらい納めるか
どの方法が公正？
（p160）公平？

| ＿＿＿制度 所得が多い人ほど税率が上がる | 定率　課税 誰もが同じ税率で納める。 | ・受益者負担 サービスを多く受ける人が納める |

累進しすぎると？ ↑＿＿＿＿＿＿＿ ↑　　　　＿＿性の問題がある

※これらの税が国の1年間の収入となり、国民のための仕事の提供に用いられる。
教p159 　　＝（さいにゅう↑　）　＝（　　　　　　　　　　　）
税収の不足を補う借入金を（こうさい↑　）といい国が発行する公債を（こくさい↑　）という。

2) 税の使い途国の（　　　　）　＝（1年間の支出）
（教p159⑤グラフ　冊子p5）

1位. ⑤＿＿＿＿＿＿費 …例. 　　　　　　　（教p165③）
2位. ⑥＿＿＿＿＿＿費 …国がした借金の返済費用（p161 棒グラフ⑤）
3位. ⑦＿＿＿＿＿＿金 …国から地方自治体への補助金 　　　↓
4位. 公共事業関係費 　　　冊子p5年
5位. 文教・科学振興費
6位. 防衛関係費

| 1975年に赤字国債を発行 現在の公債残高約　　兆円 |

※1) のように集められた費用で2) が行われ、所得の再分配が行われることになる。
しかし、日本の財政状況は、ローン（借金返済）に苦しむ赤字財政です。

―― 今のまま、国債発行を続けるとどうなる？ どうすれば改善できる？ ――

3) これからの社会　　（教p162　冊子 p 10)

　　・2020年には人口の1／4が65歳以上・・・ ＿＿＿＿＿＿＿＿＿＿＿＿＿＿　社会

　　・出生数の減少・・・＿＿＿＿＿化の進行　　　　　　　　　　　↓

　　　　　　　　　↓　　　　　　　　　　　医療費は？＿＿＿＿＿＿＿＿＿

　　若年労働力の不足＝租税負担者の減少　　　介護保険制度の充実

　　　　　　　　　↓　　　　　　　　　　　　　　　↓

　　その結果・・・個人の税負担は？＿＿＿＿＿＿＿＿＿＿＿＿＿＿

　　　　　　　だから、高齢者や障害のある人の力を生かして社会参加・貢献を求める。
　　　　　　　同時に、誰もが社会参加しやすいような環境の整備が必要！！

4)　今の税制度の現状と課題　　　それぞれの立場の人の思いを考えよう！

┌─ 中学生 ─┐　　┌─ 20代アルバイト・非正規社員 ─┐　　┌─ 30代正社員・自営業・スポーツ選手 ─┐

┌─ 40代子育て中 ─┐　　┌─ 50代もうすぐ定年 ─┐　　┌─ 70代年金生活 ─┐

5)　将来の税・社会制度の実現と方法

┌─ こんな税制度にする・こんな社会にする ─┐　　┌─ 具体的なてだて・方法 ─┐

1. 必要ない　　2. まぁ、必要　　3. どちらかと言えば必要　　4. 必要　　5. 絶対必要

1. 税負担は少なめ保障少　　　3. 負担はそこそこ保障もそこそこ　　　税負担多くて保障大. 5

┌─ ・学習前と学習後で自分の意見は変わりましたか？　感想・意見を記入しましょう。 ─┐

　　　　　　　　　　3年　　　組　　　番　名前

参考資料：「中学社会　公民的分野」日本文教出版　pp.158-169

◆生徒が考えた方法・感想

・将来の税制度についての意見　こんな税制度にして、こんな社会にする。

方法、提案にとどまっている意見

・必要なものと必要でないものを整えて、お金の使い途に気をつける。

・ニートをなくす。働かせる。

・もっと積極的に仕事をする → 定年ぎりぎりまで働こうとする。働く意志を
　もつ。

・所得税をあげすぎない。 → 新しい税をふやす。

・全体の所得税率を下げる。 → 他の税から高く取る。

・他の国で導入しているまねできそうな新しい税を作り税収を増やす。

・社会保障サービスは現状維持 → もっと効率化しできることをふやす。

・消費税はこのまま一定 → サービスもキープしてほしい。

実現のための具体的な方法や理由を示しているもの

・65才以上からも、パートやアルバイトで採用しやすくして社員として働き、
　高齢者の年令を 70 才からにする。

→ 年金支出を減らすことができる。

・年金を減らす → 定年までかせいでもらう。所得税も納めてもらえる。

・税収を増やすため → 生活保護をなくす（不正な受給などがあるから）。

・消費税を累進課税にして、所得税を一定にする。

→ 毎日のことだから税収が増える。

・外国人労働者を採用する。

→ 外国人の治める税で待機児童などの手当にあてる。

・お金持ちからの寄付（黄色の羽根募金を作り、寄付をしてもらう機会をふや
　す） → 公的扶助に使う。

→ 国債の支払を減らすことを先にする → 学生で生活が大変な人にお金をまわ
　す。

・公務員の給料を減らし、公務員も減らし財源を確保する。

・仕事をしやすい環境を作る → 共働き、子育てしやすくする。ご飯を作らな
　くてよいように格安レストランなどを作る。

・たばこ税や酒税はもっとあげてよい。健康に害があるものは税率あげてよい。
　　→ たばこやお酒で病気になった人の社会保障はなくす（自分で負担）。税収
　が増えたら他のことに利用。病気も減るし、医療費も減る。

・感想やふりかえり

自分の思いや感想、賛否のみを述べているもの。

・あんまり税のこととか考えたことがなかったけど、少し関心をもったし、いろんな意見があるのだと思った。

・日本が他の国より、税が低いと知ってよかったと思った。

・税は、ある程度は必要だと分かった。

・税は必要ないと思っていたけど、やっぱり必要だと思った。

・税は、将来の自分への貯金だと思った。

・将来の自分のためにはらいたい。

・自分の班ではでていない意見がたくさんあっておもしろかった。

・みんなの意見も聞いて、メリットとデメリットはわかった。社会やお金についても学ばなければならない。

・いろんなことを考えたけど、結局今のままで一番いいと思いました。

・学習前と後で考えは変わった。でも、もうちょっと現実も考えないといけないと思った。

・今の均衡がくずれると必ず何かの問題がおこってしまうし、とても難しいことだと思った。

・たくさん税でたすけてもらっているのは、うれしいけど将来、自分たちの負担が大きいのはいやだと思った。

一面的な考えでなく、多面的な考察や、なぜそう考えるのか理由が示されているもの

・高齢者のことだけ考えないで、20代〜40代の働く世代のことも考えることができる社会にしたい。

・税は大切だと思った。もっと増やしたらいいかなと思ったけど、生活が厳しくなるから、このままでいいかとも思った。

・消費税が10%にあがるけど海外よりはましだし、日本は住みやすいし、海外の人に日本で働きに来てもらい、所得税の収入が増えると、一人ひとりの税負担は少なくなるかもしれないと思った。

・日本は国債とか借金大国にもかかわらず全然返済できてないし、消費税とかをあげて、まず借金を返していったらいいと思う。

・税が高くなっていったら負担は重くなるけど、その分サービスがちゃんとついていたらいいかなと思った。

・何も考えてなかったけど、税はある程度必要だと思った。人によって収入は

違うから何にしても、累進課税でいいのではないかと思う。
・たばこ税を増やすとかはいいと思ったけど、税の種類を増やすのは税が増え
　たら、困る人も増えるからなかなか難しい。
・元気な高齢者に働いてもらうのはいいと思った。若者の負担も軽くなる。
・他の人の意見は面白くて「なるほど〜」って思うことばかりだった。お酒、た
　ばこを禁止して心の病（嗜好品をなくしてしまっては、ストレス解消の方法が
　なくなってしまい心の病が心配であると助言した）までは、考えていなかった
　から、たばこ税、酒税を高くするのは、ちょっとかわいそうかなと思った。

4　授業改善実施後

（1）「効率と公正」の授業は実際に何度か実施して

　実際の生徒の意見にも現れているが、生徒自身で「効率」と「公正」のどち
らに重点を置いて判断しているかに気づき、場面によってはどちらか一方だけ
に重きをおくことの危うさにも気がつくことができる。また、「みんなの幸せ」
つまり「公共の福祉」という概念を漠然とではあるが考えるきっかけになって
いる。公民学習の導入で行うことにより、今後の学習のなかで登場する、民間
企業と国や地方公共団体の意義や役割を「効率」「公正」という概念を用いて
自身の意見を述べることにつながったり、憲法の条文のなかで頻出する「公共
の福祉」の概念の理解の手助けになったりするなど知識の習得につながってい
る。

　（2）は、経済学習の導入として行った。消費者として経済活動に参加してい
るため代金・商品などの用語の理解は容易である。また、すでに、地方自治の
場面で地方財政の学習は行っているため、公共サービスや社会資本などの用語
の知識もあり比較的取り組みやすく経済の三主体の図はどの班も完成させるこ
とができた。貨幣がこの三主体の間を、名前を変えながら流通していることに
気づき、金融の役割についての、事前学習となった。

　（3）の税の学習は、実際には4時間連続で行うことは難しかったが、3年生
の1学期後半に制度やしくみを学習し、3学期の経済学習のあとに第4時の話
し合いによる課題学習を行った。期間があいているため事実的知識が定着して

いる生徒と、忘れてしまっている生徒との間に差はあるものの、実際の納税額などを示すことにより具体的に考えることができた。

　税金は、単なる義務であり負担でしかないと考えていた生徒もいたが「税金は必要」と漠然と考えていたものが、これまで学習してきた知識を用いてその理由を明示することができる者もいた。また、財源確保のための新たな税の創設や、不正な支出を減らすことによって歳出を減らすことを考えた班もあった。同時に、労働力不足を補うために元気な高齢者にサービスを受給するだけの存在ではなく、納税者として活躍できる社会を築くことを考えた班もあり、実際に行われている税制改革と同様な提案も見られ、現実の社会への関心を高めるきっかけとなり、税に関する肯定的な意見が増えた。

　上記の改善例は、いずれも今までは「発問」によって引き出してきた、一部の生徒たちの声だけでなく、課題を設定して自分たちで考えさせる場を提供することによって、より多くの生徒の多様な考え方に互いに触れることができた。このような学びの過程を通して、一人では考えられなかったアイデアや知識をお互いに共有することができる機会にもなった。生徒たちが考えた将来への提案の内容に関しては現実的でないものもあるが、それらの考えが他者の気づきを促したり、自身の意見を深めたりすることもある。このような学習の場で得た経験が実社会での協働の意義を知るきっかけになれば、それこそが社会科の目標である「社会の見方・考え方」を身につけた公民への第一歩となることにつながることを願っている。

5　小括 ― 課題と反省

　今回、生徒から出された意見や提案は、授業後にまとめて配布しているが上記のように単なる提案と、具体的な方法や理由に言及しているものとに分類はしていない。しかし、事前に評価の基準として生徒に示すことにより、より具体的で根拠に基づいた提案や意見が出されることにつながるはずである。今回の授業を通して生じた新たな課題をもとに、今後はあらかじめ具体的なルーブリックを設定したパフォーマンス評価にも視野を広げるなど生徒の実態に応じ

た授業改善に取り組んでいきたい。

乾　真佐子

注
1)　石井英真「教師に求められる学びとは ─ 教師による教師の成長のための実践研究」より引用　大阪府教育センター『高等学校における校内授業実践研究進め方ハンドブック』2018 年、p.2

この章を深めるため
○原田智仁『中学校　新学習指導要領　社会の授業づくり』明治図書、2018 年。
○森分孝治『社会科授業構成の理論と方法』明治図書、1978 年。
　　社会科の「知識」に関する定義が示されている。原田氏は森分氏の分類である「事実的記述知識」と「概念的知識」だけでなく「価値的知識」を加えることにより課題学習へと向かわせる授業づくりに有益であると説いている。新学習指導要領に沿った知識・技能の習得、活用の意義が示され、学習指導要領の変遷と共に「社会的な見方・考え方」をどう捉えなおし、授業プランをどのように作成していくべきかが分野ごとに示されており、授業改善の参考になる。
○石井英真「教師に求められる学びとは ─ 教師による教師の成長のための実践研究」大阪府教育センター『高等学校における校内授業実践研究進め方ハンドブック』2018 年。

　社会が求める「実力」との関係で、学校で育てるべき「学力」の中身を問い直すことや、アクティブラーニングをめぐる学習者中心か教師中心かといった二項対立図式ではなく、それらを包括して教科の内容や活動のあり方を見直していくことの大切さを示している。教科学習における「真正の学び」の意義を考えることができる。

第6章　経済教育における「深い」学びとは
― 授業実践「トランプ大統領に就任のお祝いの手紙をおくろう」から ―

1　本章の概要

　本章では、経済教育における「深い」学びとは何かを、授業実践を基に考察していく。実践は「トランプ大統領に就任のお祝いの手紙をおくろう」というものである。この授業の中で取り扱った経済概念（経済的な見方・考え方）は、分業と交換である。この概念を、貿易クイズや創作童話からイメージしていき、まず、貿易の考え方を習得する。次に教科書の問いをもとに自由貿易のメリット・デメリットをグループで確認する。さらに、それを現実におきている社会問題に応用しながら、概念の意味を深化させる単元構成を考え実践した。

2　問題意識と研究の流れ

　公民的分野の学習指導要領では「貿易」の内容は、記述されていないが、各教科書は本文や発展学習の中に、「貿易」「自由貿易」「TPP」「FTA」などを取り扱っており、中にはリカードの「比較生産費説」の説明をしようとしているものもある[1]。世界情勢を見るにつけて貿易問題は、輸出規制などのいろいろな形で現れている。マスコミ報道が多いニュースは中学生にとっても関心のある問題である。こういった時事問題と「貿易」の内容を繋げることや、分業と交換という見方・考え方で時事問題を考察することで、学習内容がさらに深めていけるのではないかという問題意識を持った。貿易は国際分業と交換で成り立っている。そこから引き出させるのは「貿易（取引）は　人々をより豊かにする（豊かにしていないのなら、どこに問題があるのかを考えてみる）」と

いう考え方だ。本授業を行っている時期は、トランプ大統領の就任時期と重なった。テレビ等で取り上げられる大統領の発言に興味を示す子ども達も多く、その発言と重ねることで「自由貿易」とは何かをより深めて考察できるきっかけになるのではないかと考えた。

　深めるという言葉を使ったが、本章では、まず、次期学習指導要領で求められている、「深い」学びに関してどんな議論があるのかを概観した。次にニューマンの理論をもとに「授業構想フレームワーク」を作成し、それに沿って授業実践を行った。実践では、「貿易」の学習単元だけでは、学びに深まりがあまり見られなかった。そのため、次の単元の内容とも関連させ、子ども達にさらに探究させる時間を設けた。そのことでの変化を、子ども達の「トランプ大統領就任のお祝いの手紙」から読み取っていく。

3　「深い」学びとは何だろうか

　「深い」学びとはどんな学びなのか。そもそも「深い」学び[2] といっても、「深いアプローチ」なのか「深い理解」、それとも「深い参加の仕方」なのか、方法知を深めること[3] なのか、次期学習指導要領では、はっきり書かれているわけではない。ただ、学力の三層構造の捉えは、指導要領改訂の議論の中では出されていた。それは①教科等を横断する汎用的なスキル（コンピテンシー）等に関わるもの、②教科等の本質に関わるもの（教科等ならではの見方・考え方など）、③教科等に固有の知識や個別スキルに関するもの（コンテンツ）といった3つの学力だ。ここでの肝は、②である。今までコンピテンシーかコンテンツかという二元論的解釈に陥りがちな学力論を、教科等の本質をいわば仲立ちすることで、①と③を有機的に統合し、調和的に実現する教育が明確にイメージされていた[4]。この①と③をつなぐのが、「見方・考え方」である。ここでも、理念としては、コンピテンシーとコンテンツをつなぐものとしての「見方・考え方」の位置づけはわかるものの、どんな学びなのかつかみにくい。しかし、「深い」学びとは何かを定義づけ探究できる能力は筆者にはない。ある一人の論者の考え方を援用する中で、「授業構想フレームワーク」をつくり、

それに沿って授業を行うことで、「深い」学びとは何かの手がかりが見つかるのではないかと考えた。

4　「深い」学びに関してどんな議論があるのか

　まず、「深い」学びにどんな議論がされているのか、その一部だが、紹介する中で、本章の「深い」学びについての捉え方を確認したい。

　次期学習指導要領では、アクティブラーニングから「主体的で対話的な深い学び」という表現に変わった。この背景には、「活動あって学びなし」という活動主義への不安や批判があったとされる。また「主体的で」「対話的な」「深い」学びが並列だと学習プロセスになっていないので、主体的な学び、対話的な学びを通して「深い」学びが実現するという表現にしたということだ。確かに、「深い」学びに視点がおかれたのには意味がある。「深い」学びとは、学術的には「知識を他の知識や考え、経験等との関係のなかに位置づけ構造化（組織化）すること」と定義される[5]。学習指導要領では、①知識を相互に関連づけてより深く理解したり、②情報を精査して考えを形成したり、③問題を見いだして解決策を考えたり、④思いや考えを基に創造したりすることが深い学びだとされる。これは、既有の知識に他の考え・知識、経験等との関係のなかに位置づけ構造化することを意味している。

　「深い」学びは「真正な学び」として捉えている論もある。ここでの「真正」とは、リアルな／正真正銘の／本当の何か、ということを指し示している。その最近の代表的な論者が、ニューマンである。ニューマンは、「真正の学力／学び」に３つ基準をあげている。それは「知識の構築」「鍛錬された探究」「学びの学校の外での価値」であり、この基準にそって、真正な教授法も提案している。また、教授法に関したパフォーマンス評価（学習）課題を、次のように整理している。

　ニューマンは知識（内容知）やスキル（方法知）だけから、学力をみているわけでない。解決に値する問題やテーマがあっても、子どもたちに質の高い学びが生じるかどうかは、子どもたちの生活経験や既有の知識や、学びへの動

図表6-1 ニューマンの「真正な学び」の3つの基準

基準	スタンダード	評価（学習）課題	訳者渡部のまとめ
知識の構築	スタンダード1 情報の組織化	この課題は、概念、課題、問題に対処するに当たって、複雑な情報を組織化し、統合し、解釈し、説明し、評価することを子どもたちに要求する。	子ども自身で知識を統合して自身の見解を生み出す。
	スタンダード2 選択肢（代替案）の考察	この課題は、概念、課題、問題に対処するに当たって、選択肢（代替案）となる解決策、戦略、見方や考え方、視点を考察するように子どもたちに要求する。	
鍛錬された探究	スタンダード3 学問的内容	この課題は、学問分野や専門食領域の中核と言える考え方や理論、視点についての理解や活用を表現するように子どもたちに要求する。	従来の議論や知的成果を踏まえて、学問その他の作法を多角的に用いて探究する。
	スタンダード4 学問的プロセス	この課題は、学問分野や専門職領域を特徴づけるような探究、調査、伝達の手法を活用するように子どもたちに要求する。	
	スタンダード5 卓越した文章による伝達	この課題は、文章を書く技術を応用することで、子どもたちの理解や説明、結論を巧みに述べるように要求する。	
学校の外での価値	スタンダード6 学校の外の世界と結びついた問題	この課題は、教室の外の生活で直面したことのある、または直面するであろう概念や問題、課題と同じものを子どもたちに触れさせ、これらに対処することを要求する。	学校外のより大きな共同体（専門職共同体、国家・地域共同体）でも価値が認められる学びを生成する。
	スタンダード7 学校外の聴衆	子どもたちは、教師や仲間たちと、教科内容について広く会話的な意見交換を行い、考え方やトピックについて改善され共有された理解を生み出すことに携わっている。	

出所：フレッド・M・ニューマン著　渡部竜也・堀田諭訳『真正の学び／学力』春風社、2017年、p.41の表1-1と、p.59の表1-4および、訳者解説のp.486[6)]をもとに筆者が作成

機・興味関心・態度などの情意面にも大きく依存していると捉えている。学校の外とのつながりを意識した学習をすることで、子どもたちの学習動機を高めていくとともに、「深い」学びとして、教室の外での生活で直面した問題に対して対処できるものを想定している。「学校の中で成し遂げられる学び」だけ

に終わらない、社会参画を市民性育成まで視野に入れたものである。次期学習指導要領でうたわれている「資質・能力」の育成という面までも考えれば（別な視点で言えば主権者教育という面でも）、ニューマンの学力論は、傾聴に値するものである。ただ、7つのスタンダードがわかりにくい。そのため、原田の視点[7]や、石井の捉え方[8]をもとに、「主体的な学び」や「対話的な学び」との視点も入れて、3つの局面から「授業構想フレームワーク」をつくってみた。

5　授業を3つの局面（フェーズ）から考える

図表6-2の中にある「学びのアプローチ」は、学習者の教材・資料・課題へのアプローチの仕方を整理したものである。

図表6-2　主体的で対話的な深い学びの3局面（授業構想フレームワーク）

フェーズ1 （項目）	知識技能	主体的な学び	対話的な学び	学びのアプローチ
知識を獲得していく「知っている」	事実的知識いつ・どこで・誰が・何を・どうした・5W1H ・資料を読み取る技能 ・何のグラフ（縦軸・横軸）・どんな変化があるの？割合・量・額？	・すでに持っている知識とつなげて考えるようにする。 ・驚きや不一致感などからの素朴な興味をもって探究をはじめる。	・資料・教材と向き合う。 ・仲間と疑問点を出し合う。	・学習に不安をもたない。（教師、仲間との関係） ・わからないことを言えるムードになっているか、つくっているのか。 ・棒暗記するのではなく事実に注意深く向き合う。 ・新しい知識をすでに持っている知識と関連させる。 ・文・資料を理解する。 ・言い換える。
フェーズ2 （項目）	知識技能	主体的な学び	対話的な学び	学びのアプローチ
知識の意味が理解できる	説明的知識なぜ、そうなっているのか。	・自分の学習の振り返り ・意欲を持続	・教師や仲間たちと、学習内容について広	・一般化する。 ・中心となる考えを理解する。

「わかる」 （自分のもの にする）	概念的知識 見方・考え方 学問的な概念 からつかんで いく。 ・探究するた めの資料を あつめ整理 する。	させた探究 ・社会諸科学 からの概念 を理解し、 それらを活 用して情報 や出来事を 説明・解釈 できる態度 （自分なり に知識を活 用して説明 してみる）。	く対話的な意 見交換ができ る（討論、紙 上討論、社会 科通信）。 ・多様な意見に 関心をはら い、異見をふ まえての理解 を生み出せる 対話ができ る。	・見方、考え方とすで に知っている知識、 経験を関連させる。 ・根拠を持ち結論づけ 説明できる。 ・反論の意味も理解で きる。 ・討論する。 ・異論・異見を認める。 ・批判的検討
フェーズ3 （項目）	知識技能	主体的な学び	対話的な学び	学びのアプローチ
知識の活用・ 創造 「使える」	評価的知識 （自分なりの価 値観をもって 評価する）→ （他者の意見も 聞き、多様な 価値観がある ことを理解す る） 社会参加技能	・学んだ知識 を自分の 関心のある テーマや個 人的経験に 活用する。 ・他の選択肢 も想像し ながら、自 分なり見方 を構築する ことができ る。 ・問題解決に 向けて専門 家からの見 解を収集す る。 ・自分の学びを 自己のキャ リア形成と つなげるこ とができる。	・学んだ知識を 市民が問題と してとらえて いる未解決な 問題に活用し 仲間とともに 考察する。 ・歴史的にも考 察すること で、自分の見 方をより内容 あるものにす る。 ・学校外の人た ちと交流し意 見や情報を交 換する。 ・学びから導き出 された意見を 社会に投書な どで公開し意 見交流をする。	・身近な問題に適用す る。 ・他の選択肢の検討を 批判的におこなう。 ・解決策を提案する。 ・自分なりの見解を反 省的に見ることがで きる。 ・他の見方・考え方を つかったアプローチ も検討する。 ・学びの中で、自分が 成長していることを 自覚的に理解する。 ・学校外の人への表現 を踏まえての論述が できる。

出所：筆者作成

　これらの３つの局面は、「知る」「わかる」「使える」が３層のピラミッド構造になっているだけでなく、「知る」「わかる」「使える」が、螺旋状になって、行ったり来たりしながら、前にすすんでいくイメージである。また、それぞれの項目は、学びの評価軸にもなるように考えてみた。大まかにいえば公民学習の構成は次のようになるのではないか。

・社会の仕組みがどうなっているのかを知る。　　　　　　　　　　〈フェーズ１〉
・仕組みの背景を見方・考え方（概念枠）からとらえ、説明できるようにする。
　　　　　　　　　　　　　　　　　　　　　　　　　　　　　　〈フェーズ２〉
・その仕組みがうまくいっているかどうかを評価し、うまくいっていなかった場合、どうすればいいかをフェーズ２の学びから考える。フェーズ２での概念枠ではうまく説明できなかった場合、どう考えていけばいいかを深める。また日常場面・問題解決の場面で活用してみる。公共の場（学校外）でも発表する。
　　　　　　　　　　　　　　　　　　　　　　　　　　　　　　〈フェーズ３〉

6　授業の着眼点と経済概念

　貿易については、中学校段階では特に学習する内容に含まれていない。しかし、各教科書によってちがいはあるものの、「貿易」についての学習のページはある。ただ、高校公民のように「貿易」「自由貿易」「保護貿易」について定義しているものは少ない。そのため、「貿易」学習では、どんな考え方から事象を捉えるのがよいかを、まず授業者としてもつかんでおきたい。ここでは、学習指導要領にも示されている「分業と交換」という経済的な見方・考え方が活用できないかを考えていく。

　さて、この分業（国際分業）・交換はなぜ行われるのかといえば、分業によって、自分だけでは得られない豊かさを獲得することができるからであり、交換は人々をより豊かにする（豊かにしていないのなら、どこに問題があるのかを考えてみる）からでもある。貿易（取引）も国際分業と交換から成り立っていると考える。貿易が行われるのも、より豊かになるということが前提になって

いると言える。ただ、より豊かになるのは、すべての人なのか、豊かになっても大きく豊かになる人とそれほどでもない人がいるのではないか、そんな不公平な事態にはどうしたらいいのかを深めていける。ただ、貿易では自国にないものを各国が取引するだけでなく、自国内で生産費が相対的に安い財の生産に各国が特化し、自由に貿易をすることで、それぞれの国に利益がもたらされる比較優位の考え方に基づいて現代の貿易が行われている面もある。しかし、今回の学習では比較優位の考え方には深入りしない。題材としては、トランプ大統領の発言・政策を自分達なりに分析し、「トランプ大統領に就任のお祝いの手紙を書こう」という形で理解したことを表現させる中で、経済的な見方・考え方を再考したり、現実を解釈したりするのに活用できているのかを評価していく。

7　実際の授業で

（1）　単元名「貿易について考える」

（2）　単元の目標
・貿易や自由貿易とは何かを知る。また、自由貿易には賛成・反対の立場があるが、どんな点なのかを理解できるようにする。
・さまざまな資料を集めることができる。資料をていねいに読み込むことができる。（知識・技能）
・経済的な考え方を踏まえて、貿易とは何かを捉えることができる。
・さまざまな資料や意見から、多面的に考えることができる。
・反対意見を踏まえて表現できる。
・根拠をつけて表現できる。
・「就任のお祝い」という手紙の形にそっての表現できる。
　（思考・判断・表現）
・トランプ大統領の発言・政策に関心をよせ、今まで学習してきた「貿易（取引）はお互いを豊かにする」という考え方が実際の場面ではどうなのかを考えていけるようにする。また、今後の世界経済の動きに関心をもっ

てみることができる（主体的に学習に取り組む態度）。

（3） 予想される子どもの躓き

・貿易と自由貿易の区別がつきにくい。

・自分たちの生活とはかけ離れていると感じる子どもが多く、探究する課題になりにくい。

・さまざまな資料の読み込みや意見の理解に困難さを感じる。

（4） 実際の授業の流れ

フェーズ1 （項目）	知識技能	主体的な学び	対話的な学び	学びのアプローチ
知識を獲得していく。 「知っている」	貿易クイズ ・貿易って何のためにするのか？ ・グラフから読み取る日本の貿易の特徴を調べる	・すでに持っている知識とつなげて考えるようにする。 ・驚きや不一致感からの素朴な興味をもって探究をはじめる。	・グループで考えていく。 ・グラフから読み取れることだけでなく疑問点も出せるようにする。	・誰も言えるクイズを設定し、学習に不安のないムードをつくり、本時の大まかな学習目標を知る。 疑問点が出にくい場合、教師の方から投げかける。 「輸入品目の中で機械類が一番多いのはなぜ？」
貿易クイズ 得意をいかして、足りないところを買い、良いものを売る？ □ハリウッドスターは（　　　　　）がお好き → 日本の得意 　日本はアメリカに3兆6,566億円の輸出をしています。2位はロシアですが6,991億円　　　　　　　　　　　　　　　　　　　　　　　　　答え（ハイブリッド車） □テストによく出る日本の輸入ランキング　日本はどの国や地域から多く輸入しているのだろうか。もっとも多く輸入している国を線で結んでみよう。 　　　・原油　　　　　　　・チリ 　　　・牛肉　　　　　　　・中国 　　　・さけ、ます　　　　・フィリピン 　　　・大豆　　　　　　　・サウジアラビア 　　　・野菜　　　　　　　・オーストラリア 　　　・バナナ　　　　　　・アメリカ □世界の輸出ランキング：農産物・食料品輸出国第1位といえば、アメリカです。では、第2はどこの国？（ブラジル、オランダ、オーストラリア）　　　答え（オランダ）				

フェーズ2 （項目）	知識技能	主体的な学び	対話的な学び	学びのアプローチ
知識の意味が理解できる 「わかる」 （自分のものにする） 「わかる」を応用してみよう。	「ウサギとカメの童話には続きがありました」という、創作童話から貿易の利点を考える。 ・パソコンはどこでつくられているのかを調べる。	・経済的な考え方を具体的な例を通して理解できるようにする。 ・公民的分野のはじめに学習した国際分業の考えを童話でわかったこととつなぐ。	・結末や童話の意味する内容をグループで考える。	・一般化できるように支援する。 ・中心となる考え方が何かを時間をとって共有化できるように支援する。

第二弾	カメに負けたウサギは再度勝負を申し出た。そのコースは凸凹道があるコースだ。これだと昼寝していても余裕で勝てる。勝負はウサギの楽勝であった。
第三弾	ウサギに負けたカメはリベンジをはかる。今度はコースに沼地と急流を設定した。さすがにウサギは渡れず、カメの余裕勝ち。
第四弾	ある時、カメとウサギが住む森が山火事になった。四方は炎に包まれ逃げ道は一つ。いち早くウサギは逃げたが凸凹道をぴょんぴょん跳ねて、何とか逃げたと思ったが、何と目の前には急流がある。これでは溺れるか、火だるまになるか。さあどうする！　ウサギ！　カメは急流とその向こうの凸凹道の前で立ちすくんでいる。2匹に助かる道は？ （ウサギとカメが協力して、急流はカメがウサギをおんぶして泳ぎ、凸凹道ではウサギがカメをおんぶして走る。お互い得意なことを協力することで、2匹の命が救われる）。

お互い自分の得意なことに特化し交換することでより豊かになる。

フェーズ3 （項目）	知識技能	主体的な学び	対話的な学び	学びのアプローチ
・トランプ大統領に就任のお祝いの手紙を書こう。 「使える」	・自由貿易の利点 ・問題点を再度まとめる。 ・自由貿易に関する2つの立場を理解し相手を説得するためにどのようにいえばいいかを考える。 ・就任の演説の動画や資料から考えを知る。	・メリット・デメリットを自分達で表にまとめる。 ・自分達でも資料を集めようとする。	・教科書の記述や資料に向き合う。 ・わからないことを聞きあい、さらなる情報を得ようとする。	・意見の根拠づけができるようにする。 ・反対の意見も理解し、その立場に説得できるような論点を考える。 ・どのような表現にすれば相手に伝わるかを考える。

1回目の手紙の例

> 実業家であるトランプさんが知らないはずはないのですが、自由貿易というのは何かをまとめました。自由貿易はそもそも、外国の安い商品や種類の多い物の中から消費者が商品を選択することができるようになり、消費が活発になることで景気がよくなることにつながります。デメリットとしては、安い品物が入るので、国内産業が打撃を受けるというのは、トランプさんが心配される通りです。でも、得意な分野で分業することで、効率よく生産が行えるという面がありますよね。産業の空洞化に対しては、国がベンチャー企業などを国内で行えるように支援することで対応できるはず。商品の安全性に関しては、加盟国が高い安全性を設定することで解決できます。これは自国の安全基準を高めることにもつながります。第2次世界大戦後、自由貿易を押し進めてきたはずです。それをやめてしまえば、世界大戦の二の舞になってしまいます。あなたが保護貿易をすることでアメリカは豊かになるのかもしれません。ただし他の国はどうでしょうか。

（5）　自由貿易の授業を終えて、課題として残ったもの

　一回目での手紙は、自由貿易とは何かを自分なりに考えて書かれているが、書けている子どもたちは全体の４割程度であり、内容も教科書の記述をまとめたものが多かった。つまずきを予想はしていたが、自分たちとはかけ離れている事と捉えていて興味がわかないことや、また、世界で起きている出来事と関連づけができていないことが分かった。それを踏まえ、「私たちと国際社会」の単元で、①今、世界でおきていること　難民問題から（シリア難民）②国際連合の目的とはたらき、③一体化する世界と地域統合、の学習を終えた段階で、この実践の続きをおこなっていった。子どもたちには新聞記事を集めたり、ニュース番組の視聴をしたりすることを促した。授業者側からも資料提供を行った。さらに、グループごとに、お祝いの手紙をブラッシュアップし、クラスの中で交流した。また、筆者の知っているいくつか学校で、手紙の一部を授業で紹介してもらい、学校外に発信する場面も設けた。

（6）　授業実践　「一体化する世界と地域統合」

フェーズ3 （項目）	知識技能	主体的な学び	対話的な学び	学びのアプローチ
知識を獲得していく。 「知っている」	・地域統合について調べる。 ・参加国の多い順、GDPの多い順、貿易額の多い順にならびかえる。 ・2016年の世界でのトップニュースを知る。	・すでに持っている知識とつなげて考えるようにする。 ・地域統合のシンボルマークの意味するものは？ ・イギリスのEU離脱の背景にあったものを写真から考える。	・グループで考えていく。 ・離脱派・残留派の主張をグループで確認し疑問点を出し合う。	・貿易面だけでなく地域統合や移民・難民問題ともつなげていく（教師としてはつなげられるように支援）。
知識の意味が理解できる 「わかる」 （自分のものにする）	・探究するために集めて資料を検討する。	・アメリカ人がトランプ大統領を選んだ背景を理解できるようにする。	・わからない言葉や概念を出し合い理解し合い、他の人に聞けるようにする。	・十分に資料を集められなかった場合、いくつか提示する。
「使える」 ・トランプ大統領に就任のお祝いの手紙を書こう。	・自分なりの価値観に気づき、意見の違いにもふれながら文が書ける。	・自分の学びをふりかえることができるようにする。	・グループで手紙のブラッシュアップを行う。 ・学校外にも発信できるようにする。	・相手を説得するための表現を使いながら手紙が書けているか。

2回目の手紙の例

何か作戦があって
　　親愛なるトランプさんへ

〔吹き出し〕自由貿易の良い面と課題にふれて「自由貿易」をすすめる主張

　あなたの産業が空洞化しているという話や国産品が売れていないという意見は正しいようですが、ビジネスマンであるあなたには、自由貿易には良い面が

あることがわかっておられるはずです。悪い面だけを全面に押し出し、アメリカがNAFTAによって利益を得ていたことを棚に上げ、自由貿易や他国を批判するのはどうしてなのでしょうか。アメリカの企業が他国の企業との競争に負け、減ってしまったのは、他国の企業がその商品に力をそそぎ、人々に満足してもらえるものを作ったからです。アメリカでもいくつかの商品、事業にしぼって力をそそげばいいのではないのですか。それが成功すれば、国内での生産を増やすことができ、少しずつ他国に勝てる商品を増やすことができます。時間はかかりますが、このような考え方とトランプさんの考え方を国民に示してみてはどうでしょうか。移民についてはともかく、自由貿易についてはアメリカ国民の声を聞く必要があると思います。

　もし、何か作戦があって、今の状態をつくっているのなら、すべてを言わなくてもいいのですが、「まだ他に考えていることはある」などのような発言をしてほしいと私は、思っています。そうすれば、良い面でも悪い面でも、まだわからなくなるので、あなたがめちゃくちゃな人だと決めつける人が減るはずです。それは、あなたにとっても良いことなのではないかと思います。

入国を拒否するのは少しちがう
トランプ大統領へ

> 貿易政策には賛成。しかし、移民政策には疑問がある。

　私は、トランプ大統領の政策を応援したいと思います。トランプ大統領が言っているように、今のアメリカの不法移民の問題は無視できないものになっています。すべてがそうではありませんが、不法移民のせいで社会保障費が上がってきています。それを防ぐためにも「不法」移民を防止するためにも、壁をつくることには賛成です。しかし、今、問題になっている、正式なビザを持っていたりするのに、入国を拒否するのは、少しちがう気もします。これはイスラム教徒の人々だから入国を拒否しているように、私たちには見えます。これは明らかに、宗教に対する差別であり、様々な人々が共生している昔からのアメリカにはふさわしくないと思えます。また、関税をかけるということには賛成です。アメリカで産業の空洞化がおきており、まずは自国の雇用を増やすためにも必要だからと思うからです。それでは頑張ってください。応援しています。

助け合うためのTPPやNAFTAではないでしょうか。
親愛なるトランプ大統領へ

> 貿易はトータルとして、アメリカ国民の得になっている。

　最近、日本のニュースでトランプ大統領をよく見かけます。トランプ大統領

の言う「国産品が売れなくなる、だから自由貿易には否定的だ」ですが、グローバル化が進むこの世の中、アメリカだけに有利になるような政策は少し難しいのではないでしょうか。それに、アメリカが損をしているだけではないと思います。トータルではもうかっていると思いますが…。地球の気候上、アメリカに得意な作物が他の国が得意とは限りません。一方、アメリカが苦手な作物でも、ほかの国が得意な作物もあります。そこを助け合うための TPP や NAFTA ではないでしょうか。アメリカ製を買おうって言っていますが、あなたの使っているものはすべてアメリカ製ですか？ 人に言う前にまず自分が実行していますか？ アメリカも他国の製品に助けられていると思います。すべての商品をアメリカだけで作ることができるわけではないと思います。他国に批判だけをするのではなくて、他国に助けられていることも考えてみてはいかかですか。

忘れられた人々のことを
　トランプ大統領へ

> アメリカは多様性のある国だ！ 自由貿易には良い面があると主張

　トランプ大統領がラストベルトや忘れられた人々のこと忘れずに気にかけていることは、大変素晴らしいと思います。しかし、アメリカ国民は、その人達だけではありませんよね。アメリカは「人種のサラダボウル」というように多様性があるところがいいところだと私は思います。移民も大切なアメリカの一つで、大切な存在なのではないでしょうか。自由貿易においても、悪い面があるのはわかっています。国産品が売れなくなったり、産業の空洞化がおきたりすることは、トランプ大統領のアメリカファーストに、そぐわないでしょう。しかし、自由貿易をすることで、生産性が向上し、雇用が増えるということもあるのです。グローバル化が進む中で、 アメリカが孤立していくというのは、トランプ大統領も望んでいることありませんよね。ぜひ、世界で協力しましょう。

8　小括─成果と課題

　今回の授業で習得させたい経済的な見方・考え方は「分業と交換」であった。「ウサギとカメの続きの話」というざっくりとした喩え話だったが、得意なことに特化・分業し、それを交換し合えばお互いが得することをつかんでおり、貿易とつなげて考えている子どもは多かった。ただ、貿易の授業を終えた

段階では、6割の子どもがうまくお祝いの手紙の要点をおさえて表現できていなかった。しかし、自由貿易と保護貿易の区別、メリット、デメリットがつかめていなかったわけではなかった。学んだことを手紙という応用する場面で生かされていないことが、その要因の一つとして思われた。また、世界での事象（TPP、イギリスの EU 離脱、NAFTA の意義・意味、移民の流れ）を自分の中で関連付けられなかった点もあった。ただ、卒業前という時期ではあったが、当時、トランプ大統領のニュースや番組が多かったこともあり、ほとんどの子ども達が関心を持って、授業に取り組んでいた。さらに、他の学校にも手紙を紹介してもらう場面をつくったことで、自分たちの学びが発信できたことが大きかったのではないか。2回目の手紙では、自由貿易とは何かを考えながら、さらに移民政策や自分の主張を入れて意欲的に書けている生徒が増えている。旬な話題を授業に持ってくるのは、公民的分野の醍醐味でもあるが、事前に十分な準備ができないことが多い。そういう場合でも、授業構想フレームワークがあるとやりやすいことがわかった。

　アクティブラーニングは学習方法ではなく、学習内容と言われる。内容あってこそ、追究する課題があってこそ、「深い」学びにつながるものができるのではないか。ただ、「深い」には「アプローチ」「理解」「関与」があり、それぞれの専門領域では研究されているが、まとまった形での研究・実践はまだ少ない。一方、次期学習指導要領では、「深い」学びは「理解」に関するものとして捉えられている面が強い。言い換えれば、知識の構造化（再構造化）が学習の中心になっている。そこで登場してくるのが「見方・考え方」だが、学びの中でこの「見方・考え方」も深めるようにしていくことがもとめられている。本実践で見られたのは、「分業と交換」と見方・考え方を、現実社会で起きている事象にあてはめて理解しようとする子ども達の学びの姿だった。だが、そこには自分の認識と現実社会の事象に離齬があり、説明できないものが残ったのだろう、次のような意見や感想が多く出されていた。「アメリカは自由貿易を進めてきたはずなのに、なぜトランプ大統領は保護主義貿易なのか」「自由貿易とはそもそも何？」「NAFTA によってアメリカは得をしたのではないか」「そもそもトランプ大統領が目指しているものは何か？」「アメリカ

ファーストと言って、自国のことだけを考えるだけでいいのか」。逆に「トランプ大統領の考えはよくわかる。自由貿易は理想だ！」「保護貿易も仕方ない。不法移民政策も OK だ。しかし、イスラム教徒の入国拒否はやりすぎだ」「今後、日本はどんな態度をとればいいのか」など。紙上討論だけではなく、トランプ大統領派と反トランプ大統領派の議論にもなったクラスもあった。ただ、疑問は出されたものの、「深い」学びということであれば、「理解」に関して深まったとは言えない。しかし、「関与」（参加）という面では、それぞれがこの問題にコミットしていたと評価できるのではないか。

　「真正の学び」には「学問的共同体の知識の学び」の面と「共同体の問題を演習する文脈での学び」の面がある。前者は教科の本質や科学の方法との接続が問われる。「歴史する」という言葉があるように、「経済学する」という言葉も、大学だけでなく、中学校社会科でも追究されていく必要があるだろう。ただ、どんな学びも子どもの主体性を抜きには語れない。社会科を学ぶというのは、社会問題を見つけ、自ら解決していく力をつけることである。逆に教師側からすると、社会で起きている事象（出来事）を、子どもたちがいかに自分のこととして考えることができる切実性を、授業でつくり出せるかも問われてくる。

　日々、日本や世界で起きていることは、子どもにとって身近な問題であることのほうが少ない。ただ、社会問題はそこで生きているものは必ずどこかでつながっているものである。身近な問題ではなく、「身近な問題にする」学習の題材や展開を、今後も考えていく。

　最後に、今回作成した授業分析のフレームワークで、他者のすぐれた実践を分析すると何が見えてくるのか、その有効性と限界を明らかにしていきたい。

奥田修一郎

※本章は、奥田修一郎（2018）「主体的かつ深い学びをうながす経済学習実践の省察 ― 授業フレームワークに基づいて ― 」経済教育 37、pp.81-85 をもとに加筆・修正したものである。

注

1) 例えば、A社の教科書では、発展的コラムとして「自由貿易」について、次のような記述をしている。「自由貿易とは、複数の国のあいだで関税やその他の障害をとり除いて貿易をすることをいいます」「自由貿易は、資源や製品の価格がシグナルになって、生産の仕方や生産量が決まるような経済の働きをすすめる」。活用問題「自由貿易に関する下の2つの立場への賛成か反対かを明らかにして、相手を説得するためには、どのように言えばよいかを考えてみよう」。筆者の元勤務校では、このA社の教科書を使っていたので、それに則した実践を考えていった。なお、B社では貿易の定義として、「貿易するのはなぜ？ …貿易によって、気候、資源、人口、技術などのちがいのある国が、特徴を生かして生産をおこない交換しあう国際的な分業がおこなわれる」としている。またC社では、学習内容に、自由貿易と保護貿易のちがいをあげ、「ある国が自国の商品の輸出を行おうとするなら、その国は他国の商品の輸入を制限してはいけません。これを自由貿易の原則という」と言う説明をしている。各社それぞれであるが、貿易に関した記述がないわけではなく、むしろ現代の課題を積極的に扱っている感がある。ただ、高校の学習指導要領が求めているような比較優位の考え方で説明しようとはしていない。これに関して筆者は、これまで何回か比較優位の考え方を理解させるワークをつくったが、子ども達は理解するのに難しさを覚えていた。拙稿「自由貿易って本当にいいのか？」峯明秀編著『新中学校社会の定期テスト』学芸みらい社、2017年、p.184。

2) 松下佳代はディープラーニングということで、3つの内容があるとした。その3つとは、①「深いアプローチ」②「深い理解」③は「深い」関与である。松下によると、①の「深いアプローチ」は、アイデアを関連付けながら全体のパターンや原理を探り、概念を自分で理解し意味を追究する学習スタイルである。②の「深い理解」は、アメリカのカリキュラム・評価の研究者マクタイとウィギンズの理解の深さを軸に展開したものである。③の「深い関与」は、深い学習や深い理解で隠れたテーマであった動機付けが主題化された。松下佳代『ディープアクティブラーニング』勁草出版、2015年。

3) 今回の学習指導要領改訂の実質的ブレーンであった石井英真は、「教科の学力の三層構造と資質・能力の要素」石井（2017）p.27（この章を深めるために）で学力の三層構造を提示している。その資質・能力の要素の一つにスキルをあげている。スキルをさらには認知的スキルと社会的スキルに分けている。さらに原田智仁は『社会の授業づくり』（明治図書、2018年）で、石井のモデルをもとに、内容知と方法知に分け、学力の三層構造を提示した。内容知は、社会科ではよく使われるとらえ方である、事実的知識 → 概念的知識 → 価値的知識　方法知は、情報の読解・記述 → 探究方法（仮説・検証）・説明 → 提案・議論の三層構造である。

4) 奈須正裕編『教科の本質を見据えた　コンピテンシーベイスの授業づくりガイドブック』明治図書、2017年、pp.11-12。

5) 河合塾編『「深い学び」につながるアクティブラーニング』東信堂、2013年、pp.277-298。

6) フレッド・M・ニューマン著　渡部竜也・堀田諭訳『真正の学び／学力』春風社、2017年、訳者解説　p.486。渡部は、ニューマンの「真正の学び／学力」は内容知や方法知であるよりも文脈知を理解すること、知識やスキルの意味を知ることを重視した概念であるとする。

7) 原田、前掲書

8) 石井英真『今求められる学力と学びとは ― コンピテンシー・ベースのカリキュラムの光と影 ―』日本標準、2015年、p.23。

この章を深めるために

○石井英真『中教審「答申」を読み解く』日本標準、2017年。

・資質・能力の３つの柱とアクティブラーニングの３つの視点を、教科の学力の質の三層構造（知る、わかる、使える）と学習活動の三軸構造（対象世界、他者、自己）を踏まえて整理されていて、授業をどう進めるかを考える上で示唆に富む提案がある。

○松下佳代『ディープアクティブラーニング』勁草出版、2015年。

・注にも書いたが、「深い」の意味を多面的に海外の文献をもとに、問い直している本で、深い学びとは何かを考えさせられる。

○伊藤元重『ゼミナール　国際経済入門』日本経済新聞社、2017年。

・中学校社会科公民の学習指導要領では、貿易が学習内容にはなっていないが、各教科書では、扱っている。貿易の基礎的な考え方を学ぶ上で、読んでおきたい。特に比較優位理論には目を通しておきたい。

第7章　新学習指導要領における経済教育実践の展開
―「金利」から金融教育を考える―

1　本章の概要

　経済的分野では、家計、企業、財政の学習には、多くの授業実践が出されてきているが、金融に関しては、中学校社会科という枠の中での実践は少ない。本章では、「金利」に着目した学習指導案を提案する。

　ここでは、問題の所在を明らかにし、学習指導要領でのこれまでの「金融に関する」学習の位置づけと内容も確認する。また、先行実践を検討する。次に「金融に関する」学習の授業着眼点を述べる。着眼点は「金利」の起源や仕組みからみる視点である。なぜ、「金利」に着目するかというと、経済の重要な仕組み[1]であるからだ。しかし、子ども達にとって「金利」も「金融」も身近なものではない。どのような工夫がいるかも考えたい。これらを踏まえた、単元「金融のしくみ」4時間プランを提示する。

2　問題の所在・目的・研究方法

　それぞれの実施主体によって力点にちがい[2]はあるものの、金融教育の目的は「お金や金融のさまざまな働きとの経済の基本的な仕組みの理解し、より豊かな人生設計を立てる力とよりよい社会づくりに向けて主体的に行動できる態度を養うことにある」とされている。そこでの学習内容は、経済社会の仕組み全般であり、学習指導要領の経済領域内容と重なる部分が多い。これを広義の金融教育とする。本章での授業プランは、経済学習領域の中で単元「金融のしくみ」に絞った学習内容を扱う。広義の金融教育と区別するため、以下、「金

融に関する」学習（言い換えれば狭義の金融教育）とする。内容として「金融
とは何か」「金融がなかったら」「銀行の働き」「日本銀行の役割」「直接金融」
「間接金融」「金融政策」である[3]。

　では、子ども達はどのくらい「金融のしくみ」について理解しているのだろ
うか。第4章にあるように、正答率は「金融」（37.9%）、「銀行」（57.0%）、「金
融政策」（54.3%）であり、「しくみ・制度」に関した理解度は下位に入ってく
る。その中でも「金融政策」は正答率が高いが、4択問題になっているからだ
と考えられる。筆者のこれまでの経験では、中学生は受験勉強として〈国債を
買う〉⇒〈景気を刺激〉という一般的な帰結は理解している（覚えている面も
あるだろう）が、そのような効果が生じるプロセスを必ずしも説明できないこ
とが多かった。そもそも、金融政策を説明する図が教科書には掲載されるが、
各社によってばらつきがあること[4]、金子の研究にあるように、現場の教師も
通貨量の増大と景気改善とを関連させて説明をしていることが多く、金利の低
下、投資の活性化により景気が改善するという説明まで踏み込まれていない現
状[5]がある。

　「金融に関する」学習は、経済分野の中でも子ども達にとって身近な問題と
して捉えにくい単元の一つである。しかし、経済を体にたとえると金融は血液
にたとえられるように、金融機能は、お金が流れることで経済社会が動く重要
な仕組みであることは言うまでもないであろう。では、どのような学習であれ
ば、子ども達が「金融」を身近なこととして関心を持ち、この仕組みを理解で
きるのだろうか。本章では、まず、学習指導要領での「金融に関する」学習の
位置づけを概観することを行い、次に先行実践を検討し、単元「金融のしく
み」の授業着眼点を明らかにしていく。

3　学習指導要領での「金融に関する学習」[6]

　まず、学習指導要領で「金融に関する」学習が、どのような位置づけでどん
な内容なのかを簡単に見ていく。

（1）昭和30（1955）年度〜昭和44（1969）年度版

　昭和30（1955）年度改訂版、政治・経済・社会的分野の内容として、「経済のはたらきとしての生産・流通・消費・金融・企業・市場・貿易・為替・保険などについて、具体的事実や生徒の経験に基いて理解させる」とあり、金融の語句が中学校で登場してくる。それ以前は、高校のそれにはあったが、中学校では「通貨」「貨幣」の理解をもとめることにとどまっていた。昭和33（1958）年度改訂版では、「企業金融」いう語句も出てくる。昭和44（1969）年度版では、経済分野での学習内容が、一新され詳しい内容になっている。そこでは「経済生活」という中項目の下、次の小項目が立てられている。それは「ア　家計と企業」「イ　価格と金融のはたらき」「ウ　財政の役割」「エ　日本経済の現状と課題」「オ　日本経済と世界経済」の５つである。金融に関しては、〇貨幣の役割、〇物価の動きの学習を通じて、価格や物価をめぐる問題についての理解を深めること。次に、〇金融のしくみとはたらき、〇日本銀行の役割などの学習を通して、金融機関が貯蓄と投資を結びつけていること、日本銀行がさまざまな政策によって物価や景気を調整する重要な役割を果たしていることを理解させるようにすることを示している。「金融」に関しては、どんな学習を展開したらいいかイメージしやすい内容になっている。

（2）大きな変化があった昭和52（1977）年版

　ところが、昭和52年度の学習指導要領では、総時間数が3535時間から3150時間に削減、それに応じて中学校３年生の総時間数が175時間から105時間に削減された。その背景には、教育内容の増加・過密化により、「詰め込み教育」「落ちこぼれ」などの様々な問題が顕在化するようになり、教育の現代化にともなう内容の高度化にも反省が加えられるようになった。そのため昭和51（1976）年教育課程審議会答申では、改訂の基本理念として、①人間性豊かな児童の育成、②ゆとりある充実した学校生生活、③国民として必要な基礎・基本の重視、の３点を打ち出していたことがあっての削減である。経済学習の内容は、①経済の仕組みを消費生活につなげての学習、②職業と生産活動、③国や地方公共団体の役割、の３つである。ここでは「金融に関する」学

習内容や語句も記述されていない。平成元（1989）年度では、総時間数は前回と変わらないものの、第 3 学年の時間数は 70 〜 105 時間とされ、教科書の内容も精選された。内容としては、消費生活以外に、企業の役割、職業の意義と役割、勤労の権利と義務、国や地方公共団体が果たしている役割の理解が加わった。ただ、「金融」については記されていない。なお、前年の答申では、「自ら学ぶ意欲と社会の変化に主体的に対応できる能力の育成を重視すること」が挙げられ、評価の観点の最初に「社会的事象への関心・意欲・態度」が位置したように、子ども達の学習意欲をおこさせる授業への転換が求められた。

（3）　ゆとり教育の中での「金融に関する」学習

　平成 10（1998）年度は、生涯学習の考え方を進め、学校 5 日制を円滑に実施するためにも、大きく言えば、次のことが打ち出された。①自ら学び、自ら考える力を育成すること、②ゆとりのある教育活動を展開する中で、基礎・基本の確実な定着を図り、個性を生かす教育を充実すること、の 2 つである。総時間数は 2940 時間に、第 3 学年での社会科の時間数も 85 時間（3 年を通しては、295 時間）に削減された。経済単元の記述されている学習内容は、どうかというと、意外なことに平成元（1989）年度よりも多くなっている。①身近な消費生活　②価格の働きと市場経済の基本的な考え方　③生産の仕組み、企業の役割、社会的責任　④金融の働き、⑤職業の意義と役割、勤労の権利、⑥国や地方公共団体が果たしている経済的な役割、である。

（4）　金融教育元年の背景と平成 20（2008）年度学習指導要領

　平成 10 年代は、「金融に関する学習」の大きな節目の年であった。指導要領ではゆとり教育が進められていく中、金融の自由化[7]に対応した学校における金融教育の導入・充実を唱える様々な動き[8]があった。例えば、金融広報中央委員会は、平成 17（2005）年には、その年を「金融教育元年」と宣言し、①正確でわかりやすい「金融経済情報の提供」と②一人ひとりが、賢い消費者として自立するための「金融経済学習の支援」を目的に、中立・公正な立場から活動を展開することがうたわれた。その後も、様々な教材や実践事例集を編

集し、学校現場に提供している。ただ、平成 20（2008）年に発表された中央教育審議会答申では、金融教育の充実に関してはトーンダウンしている。平成 20（2008）年 3 月公示の学習指導要領・中学校社会科公民的分野の「内容」では、平成 10 年度の内容とほぼ同じものになっている。ただ、「内容の取扱い」では、「市場における取引が貨幣を通して行われていることに気付かせること」という記述が加わった。また『中学校学習指導要領解説・社会編』（以下、『解説・社会』と略する）では、間接金融と直接金融を扱い、金融の仕組みや働きを理解させることをもとめている。さらに、網羅的、専門的な用語の説明に陥るのではなく、なぜ、そのような制度や仕組みをつくったのかを考えていく学習の大切さも記述している。これをうけて作成された各教科書では、72 の法則、リスクとリターン、金利の差がなぜ生まれるのかなどを取り扱っているものもある。

（5）　次期学習指導要領での「金融に関する学習」

　次期学習指導要領で大きく変わった点は、各教科で「見方・考え方」を鍛えながらの深い学習が目指されていることであろう。特に、中学校社会科公民的分野では、平成 10（2008）年度の学習指導要領で出された「現代社会をとらえる見方・考え方」を発展させ、経済単元でなく、政治単元、国際社会単元にも、「捉える枠組み」が登場してきている。

　経済学習に絞って言えば、まず着目する視点として、「対立と合意」「効率と公正」「分業と交換」「希少性」があげられ、課題解決学習がもとめられている。「内容」と「内容の取扱い」では、現行のものとほぼ同じである。追加されたものとして、「経済活動や企業などを支える金融の働きについて取り扱うこと」が記されている。『解説・社会』では、財やサービスの取引は貨幣を通して行われることだけでなく、フィンテックと呼ばれる新しい金融サービスの動きの中での、様々な支払い方法も理解できるようにすることが必要であるとされている。主に、公民的分野全体を通して、「見方・考え方」を鍛えながら、制度やしくみがどのようにして、なぜつくられたのかを考察していく、現代社会探究学習が考えられている。

学習指導要領での「金融に関する」学習内容と位置づけを概観した。昭和44（1969）年版ですでに、現行（及び次期）学習指導要領の内容を網羅していること、逆に内容そのものは、増減はあるにしても変わってないことがわかった。また、今後求められる学びが、「見方・考え方」を鍛えながら、制度やしくみがどのようにして、なぜつくられたのかを探究する学習になっていることも確認できた。

4　先行実践研究として

CiNii で「金融・中学」で検索すると 40 件がヒットする。その研究は、広義の金融教育と狭義の金融教育に分けられる。そのうち、2 節で考察した狭義の金融教育に関した研究・実践を行っている論文を選んだ。先行実践研究として①「考えてみよう　これからのくらしとお金」[9]、②「わたしたち中学生で会社をつくろう」[10]、③「中学・高校の社会科・公民科で「直接金融、間接金融」をいかに教えるべきか?」[11]、の 3 つを検討する。

①は、東京学芸大学とみずほフィナンシャルグループが、教育共同研究プロジェクトを立ち上げつくられたテキストである。学校種別は小学校から高等学校までを、教科・領域では社会科だけでなく生活科、家庭科、道徳・総合学習までの金融教育の内容を扱っている。全体では広義の金融教育であるが、この中で中学校社会科での学習内容を検討する。中学校では「お金の便利さやはたらきを考える」ことを 1 時間目に、次に「銀行の仕組みとはたらき」を 2 時間目に学習する。銀行についての学習では、ATM メニューから銀行の業務を考えさせたり、お金を貸す上では「返済リスク」という視点が必要なことを、ワークショップから理解させたりしている。この実践研究で注目したいのが、日銀の役割として物価の安定を挙げ、インフレやデフレにならないような政策を金融政策としているところである。金利の上がり下がりで企業や人々の消費行動にどんな変化があるのかを学習していく。最後には、もしも銀行がなかったら、世の中にどんな困ったことが起こるかをまとめとさせるようにしている。導入や課題追究が子ども達の目線で捉えられているので学習しやすい展開

だ。ただ、「金融」とはそもそも何だろうか、「金利」っていきなり出てきたけどどういうことだろうか、という子ども側には疑問が残るものではないだろうか。また、金融政策は、教科書では国債の売買との関係で説明されている。その点も学習させたいところである。

②は、「クラスの中で一番売れそうだなと思われる会社をつくろう」というプロジェクトを達成する学習の中で、経済概念（希少性、選択、分業と交換など）や仕組み（流通、商業、市場、金融機関など）を学べるようにしている教材であり指導プランである。金融に関しての内容としては、「金融機関とは何か」「銀行はなぜ預金に利子をつけているのに倒産しないのか」「金融の仕組みがうまく働くとどんな良い点があるのか」の問いを設けて深めている。ただ、日本銀行に関しては、どのような銀行かを自分たちで調べるような扱いになっている。実際の授業では、時間を設けて日本銀行の学習を深めたいところでもある。

②以外にも、金融広報中央委員会は「金融教育」に関した教材を提供し、かつ「学校における金融教育の年齢層別目標」を作成し指導計画例等も表にまとめている[12]。金融広報中央委員会が提案している金融教育の内容は、現学習指導要領とその解説に示されたものを反映している。要領等の記述どおりではないものの、経済分野の内容を「金融」という視点で再構成したものと捉えることができる。ここで注目したいのが、パーソナルファイナンスに関した学習である。各教科等の発展学習や総合的な学習や特別活動で実践されてきたもの（または、実践が望ましいもの）も掲載している[13]。これらの項目は、子ども達が自分のこととして考えやすいテーマであり、中学校社会科として、どう取り扱っていけばよいか検討すべき項目でもある。

③では、金融の基本として、「●金融は大切であり、良い働きを持つものであること、●金融においては、『信用』『信頼』がもっとも重要であること、●経済社会は皆が支え合って成り立っていること」の3点が重要とする。授業としては、「金融」を子ども達にとって身近にさせるための問い（例、お金を借りたいと思う時はどんな時か。お金を貸したいと思う時はどんな時か。このクラスの中で、あなたが1,000円を貸したいという人は何人いるか。反対にあなた

に1,000円を貸してくれる人は何人いるか）から迫っていき、金融機関の必要な理由を実感として捉えさせようとしている。「金融」とは何かを理解させる点では、参考にしたい切り口が豊富である。直接金融と間接金融のメリット・デメリットも考察させることで、学びが深められる。ただ、「金利」や「金融政策」についての学習までは及んでいない。

5　授業開発の着眼点

（1）　金利（利子）を起源からみる。

　ほとんどの公民教科書には「利子」という語句が出てくるが、「利子」と「金利」の説明はバラバラである。本学習案では、利子・利息は金額、金利、利子率は％や割合をさし、また、金利とは元金に対する利子の比率であるとする。たいしたことでないかもしれないが、子ども達はこの区別がわからないと、次のような文章「銀行は貸し出し先から利子を取り、預金者には利子を支払います。貸し出し金利は預金金利を上回り、その差が銀行の収入になる」が理解できない。そもそも利子（利息）は、歴史的に見ると利子の語源は「mas」[14]というそうで、この場合は子牛をさしていた。これは金属貨幣の無かった時代では牛が価値判断だったからだ。利息は中国の古典に由来し、息子は利益につながるという意味から来ているとされている。このような雑学？が言葉のイメージを広げる。

（2）　金利を3つの役割からとらえる。

　金利（利子）は貨幣がなかった時代からあったものである。そこからまず、①もともとの起源をみると、借りた分だけではなく、収穫が増えた場合、プラスして穀物や子牛を返したように、その見返りやお礼という役割があった。

　次に、インフレと関係している面として、②モノの値段の変化の調整をする役割、つまりインフレになるようであれば、金利も連動してあがる。

　そして、もう一つは「信用」「不確実性」に関係している面として③危険に対する保険料という役割。信頼がある人には金利は低くてもよい。逆に信頼が

薄い人は高くなる。また、期間が長くなれば、天候不順や戦争などがおきる可能性も多くなり、金利を高くしておかないといけない[15]。

　さらにこの3点の役割と、もう一面ある。それは行動経済学的に言うと、将来（1年後なり5年後なり）にお金の受け取りを待つのに要求する主観的な金利（時間割引率）といった面がある。これを子ども達にわかるように「我慢料」という表現で説明する（借りる場合はレンタル料）。ちなみに、『次期高等学校学習指導要領解説・公民編』（以下、『高校公民・解説』と略）には、金利の変動が消費、貯蓄、投資行動に影響したり、物価や株価、景気変動に大きな役割を果たしたりすることの理解を深めるようになっている。中学校では、金利の役割を具体的に考えられるワークを入れることでつかませたい。

（3）「金融」の仕組みを理解するために

1）「あなた」だったらという視点を入れる。

　先行研究で検討したが③の松井論文には、金融を身近なものとして捉えやすくするための工夫が確認されていた。小学校では「人々の工夫や努力を調べる」ことが学習課題になっているが、具体性のある人物を登場させ、共感的に人の行動やその背景をできるようにしている。中学校社会科では、「工夫や努力」が学習課題にはなっていないが、教科書の教材や資料として、経営者や労働者、経験した人の声が扱われており、仕組みを具体的な人の声からも考察できるような構成にはなっている。さらに、経済分野では、「20歳になった時のお金の使い道を考えよう」といった切り口のワークが、各教科書では見られ、自分に引き寄せて具体的に考えられるように工夫されている。しかし、すべての単元で個人から考える視点での教科書の内容にはなっておらず、授業者がストーリーをつくりながら再構成していく必要がある。本学習案では、「あなたが銀行員だったら」という視点からのワークを考案した。また、今、学習しているのは、「お金を得る」[16]（パーソナルファイナンス）という中では、どこの部分なのかを意識できるようにした。

2）もう少し日本銀行の役割にふれる。

　2では、学習指導要領での「金融に関する」学習の変遷をみた。中学校社会

では、昭和44（1969）年度版に日本銀行の記述があるが、それ以降は「内容」としては出てこない。一方、『高校公民・解説』にあるように、高校では、中央銀行の役割や金融政策の目的と手段について理解できるようにすることがもとめられている。中学校では、それなのにどの教科書にも日本銀行の3つの役割と金融政策は、学習内容になっている。そのこともあって、2018年春に実施された都道府県公立高校入試問題の出題傾向を分析してみると、金融政策を問う県が7県あった。買いオペ・売りオペと絡めて、景気対策を問うものである。金利、景気、国債、と関連させ考えさせるものだ。こういった問題は、思考力を問う問題に分類される。金利、国債などの語句理解とその関係がつかめないと、確かに解答できない。しかし、単純に景気が悪い時、「国債を買う →　景気が刺激される」といった流れを覚えてしまうということは可能だ。そのプロセスを理解して学ぶためには、教科書の記述にプラスした日本銀行についての学習が必要である。それは、身近なところに日本銀行があることを導入に、その役割、設立目的、国債売買との関係を学べるようにしたい。

3）　経済主体間の資金の調達としての「金融」

金融を通して経済主体間の資金の過不足が解消され、経済活動が円滑に進行することを知るということも、「金融に関する」学習では大切なポイントである。この学習として先行実践でも検討したように、会社をつくろうというワークの中で、直接金融や間接金融を学べるよう工夫している教材や教科書はすでにある。まず「もしも銀行がなかったら」[17] という問いから考えさせるのもよいだろう。ただ、ここで経済主体というと、中学校では政府、家計、企業の3主体が取り扱われるが、金融主体を入れるのはどうだろうか。金融主体として、個人（家計）、企業、金融機関、政府・行政（中央と地方）、中央銀行の5つがある。それぞれの主体間での貸す側と借りる側の取引を整理するというのも、学習のまとめとしてよいのではないか [18]。

6 授業モデルの開発

（1） 単元名「金融のしくみ」

（2） 単元の目標
○身近な話題から自分たちの生活と結びつけ、お金の流れのしくみや金利について理解する。　　　　　　　　　　　　　　　　　（知識・技能）
○企業が行う様々な資金調達方法について理解する。　　　　（知識・技能）
○銀行のしくみや業務から、金利のしくみの理解をさらに深める。

（思考・判断・表現）
○日本銀行の目的や役割についての理解を深め、経済状況が変化する中で、どのような金融政策をとってきているのかについても関心がもてるようにする。　　　　　　　　　　　　　　（主体的に学習に取り組む態度）

（3） 単元計画
第1、2時　金融とは何か？　そもそも金利（利子）は、なぜつくのだろうか。
第3時　　　銀行はどんな仕事をしているのだろうか。
　　　　　　あなたは銀行員。4人の人にお金を貸しますか。
第4時　　　日本銀行は、どんな仕事をしているのだろうか。

（4） 第1時の授業の流れ

	主な発問・説明・指示／予想される反応	資料や指導上の留意点
出会う	○私たちがお金を得る方法には、いくつかあります。それは、何だろうか？　ひらがなで考えてみよう。・はたらく・かせぐ・もらう・かりる ○今日は「かりる」ということに着目しながら、金融とは何か、金利ってなぜあるのかを考えていきます。	○他には「ふやす」「つくる」「ぬすむ」など。金融に関したことでは、「ふやす」「つくる」をおさえたい。

	学習課題 金融とは何か？　そもそも金利（利子）はなぜつくのだろうか。	
向き合う	○友だち5人といったUSJのかえりのこと、電車に乗ろうとして、サイフをみた！ 500円しか残っていない。さて、どうする？ 借りるとして、どの子に頼みますか？ ○金融とは、一時的にお金の余裕のある人や企業が、不足している人や企業にお金を融通することです。 ○1,000円なら友だちに貸してもらえるかも知れないが、将来、家を買うとなると、何千万ものお金が必要です。友だち1,000人に1万円ずつ借りにまわるのも可能だけど、とても大変。そんなとき、利用するのが銀行などの金融機関です。	○借りる時、どの子を選ぶだろうか、返すのは次の日、1週間後、1か月後だとすると、貸す側の気持ちとしてどんなちがいが出てくるだろうかなども、聞きながら深めたい。 ○金融についての基本的な考えについての留意点、 ○お金（資金）の貸し借り＝現在の所得と将来の所得の交換だから、 (a) 比率（価格）＝1＋利子率 (b) 見知らぬ人々が集まる市場では、取引は成り立ちにくい。 3つの理由 ① 誰に貸すかによって、返済される確率が異なる → 誰に貸せば安全か、簡単には分からない。 ② 貸し手と借り手の希望する取引の額がちがいすぎる。 ③ 貸し手と借り手で、貸し借りを希望する期間（長さ）が異なる。
深める	○銀行になぜお金を預けるのだろうか。 〈資料1〉を見て考えよう。 ○金利とは何だろうか、 ・何かプラスしてもらえないと預ける気にならない。 ○そのお金がすぐには使えないわけだから、返してもらうまでの「我慢料」といえます。 ○DVDやCDを借りた時、レンタル料金を払います。同じように、お金を借りた時のレンタル料と考えてもいいですね。借りた金額を元金、貸した金額を元本といいます。 ○クイズ『金利はいつからあったのだろうか』	○金利がとても低いことに着目させる。 ○教科書によって、金利や利子の語句の使い方が整理されていないところもある。 ○利子・利息は金額、金利、利子率は％や割合をさすことを説明しておくようにする。 ○金利はお金より先にあり、債務という形は古くからあった。

(1) メソポタミアの頃から

　ハムラビ法典にのっています。大麦の貸し借りで33.3%という金利がつきました。返せなかった場合、ある家のものを差し出さないといけなかったそうです。それは、どれでしょうか？（かまど、ドア、水おけ　農具）

(2) 利子の語源は［mas］というそうです。これはある動物の意味にもなりました。それは何でしょうか？
（子豚、ひよこ、　子羊、　子牛）

(3) 歴史の時間でも習ったように、古代の日本では「出挙」という稲の貸し出し契約がありました。その利率は、ズバリいくら？

(4)「旧約聖書」には、同じ宗教を信じるものに、利子を課してはならないというものがあります。世界宗教の中で、利子を現在でも禁止している宗教とは？

○ある物語を考えてみよう。
ワークショップ
先生
「私の家には20kgの大麦がある。10kgは何かのそなえとして、今年も種を蒔くつもりだ。ところが、ある人から10kg貸してくれないかと頼まれた。その人はとても困っているようだった。普通に働き、何もなければ10kgで50kgの収穫があるのだが、助けてあげよう」。
ある人
「窮地をすくってくれた先生のためにも一生懸命働き、100kgの収穫を得ることができた。さて、私が先生に返すべき大麦の量はいくらになるべきでしょうか。かりた分の10kgだけ？　それとも100kg全部、または？　他の考えはある？　なにか付け足しことがあ

(1) の答え：ドア（木）

　この地方は降水量が少ないこともあり、木があまり生えない。そのため木でできたドアには希少価値があった。

(2) 答えは子牛：借りた牛が子を産めば返さないといけないという意味があった。

(3) 答えは50%

　日本の中世では、利子は60〜65%だが、15世紀の頃には、元本と利子の合計が元本の2倍を超えることもあった。

(4) イスラム教：中世ヨーロッパのキリスト教でも、「利子とは、神の与えてくださった時間を盗む罪だ」とされた。

○イメージしいすいようにパワポの資料やカードをグループごとに用意する。

生かす

	主な発問・説明・指示／予想される反応	資料や指導上の留意点
	りますか？」 ・10kg でよい。 ・先生とは親しいのだから返さなくてもよい。 ・本来なら先生が栽培すれば50kg だから 　50kg 返さないといけない。	○この時間では、いろんな意見が出 　されたことを確認し、次の時間に 　深めていくことを予告する。

資料1：銀行の定期預金金利（授業時）比較として、かつての定額貯金の比率8％を資料
　　　　に載せる。72 の法則も補足で入れ、8％の時は9年で元金が倍になることなども
　　　　触れていくと、我慢料の説明がわかりやすくなるかもしれない。

（5）　第2時の授業の流れ

	主な発問・説明・指示／予想される反応	資料や指導上の留意点
深め る	前回のワークショップの続きから ○金利が50kg だとしたら、高く感じますか？ 　それとも、安く感じますか？　それぞれの理 　由も出し合ってみよう。 ・一生懸命働けば、それ以上の収穫できるの 　だから、高くはない。 ・10kg 借りたのだから、50kg というのは高す 　ぎる。 ・金利が高いとやる気がでない。 ○元手から余分に生まれる収穫としての利子、 　つまり牛一頭借りて、子牛が生まれても元 　の持ち主に返すことを考えれば、50kg とい 　うのは高いだろうか。 ○もう一つ、借りた人が10kg の大麦すらつく 　れないことだって、あるとしたらどうだろ 　うか？ ○ワークショップ② 　モノがお金代わりだった時代から、今度は 　貨幣（お金）か使われるようになった時代 　のことを考えてみよう。 ○歴史の授業でも習いましたが、モノが不足 　したり、金貨の質を落としたり、紙幣をた 　くさん印刷したことで、モノの価格が上が 　ることがありましたね。これをインフレー 　ション（インフレ）といいます。	○10kg 借りたら、10kg でも良さそ 　うだし、先生が普通に農業をすれ 　ば、50kg はできるのはわかるけ 　ど、50kg もとれないことだって 　あるのではないかと揺さぶりをか 　けるようにする。 ○元手から余分に生まれる収穫を利 　子としたという考えをおさえる。 ○危険に対する保険料という意味も 　あることにふれる。 ○歴史の授業、第一次世界大戦後の 　ドイツの例を出してイメージしや 　すいようにする

○春と秋の間で、インフレがおき大麦の値段が２倍になりました。どんなことがおきるでしょうか。	○わかりやすいように、パワポ資料を用意する。
・金貨を多く払うことになる？	
○金貨は 100 枚、そのうち元手は 20 枚の金貨、金利は金貨で 80 枚になる。インフレがなかったら、金利が 40 枚だったのに、金利は２倍にもなっています！	春　大麦 10kg ＝金貨 10 枚 秋　大麦 10kg ＝金貨 20 枚 秋には 50kg 返すのだからどうなるだろうか？
○金利には、モノの値段の変化を調整する役割があります。	
○金利には、	
①もともとの起源をみると、借りた分だけではなく、収穫が増えた場合、プラスして穀物や子牛を返しました。その見返りやお礼といってもよいですね。	C 金利（名目金利）＝　実質金利十期待インフレ率　十リスクプレミアム
②モノの値段の変化の調整をする機能、つまりインフレになるようであれば、金利も連動してあがります。	○ここでは、金利はモノの値段の変化を調整する役割があることを、まずおさえたい．詳しくは日銀の学習の時にふれていく。
③危険に対する保険料。信頼がある人には金利は低くてもいい。逆に信頼が薄い人は高くなるでしょう。また、期開が長くなれば、天候不順や戦争などがおきる可能性も多くなり、金利を高くしておかないといけない。	

第３時の授業の流れ

	主な発問・説明・指示／予想される反応	資料や指導上の留意点
出会う	○銀行内の写真やイラストから、窓口付近の人たちが、どんな目的で銀行にやってきているかを予想し発表しよう。	○自分の経験をできるだけ出せるようにうながす。
	○ ATM メニューのイラストや写真から、銀行の業務にどんなものがあるかを発表しよう。 ・預け入れ・引き出し・振り込み ・税金料金払い込み・残高照会など	

<table>
<tr><td colspan="3" align="center">学習課題
銀行はどんな仕事をしているのだろうか。</td></tr>
</table>

| 向き合う | ○銀行はどのようにして利益をあげているのでしょうか。資料１と２から考えてみよう。
・預かったお金に利子がついている。
（我慢料）
・貸したお金にも利子がついている（レンタル料）
・貸した方が利子率は高い。
○資料３から、銀行がどのように利益をあげているのか説明してみよう。
○銀行は、個人からお金を借り、また、個人にお金を貸しています。
　お金を得る方法　「かりる」
○もう一つ、銀行などの金融機関を使って、お金を得る方法があります。それは「ふやす」です。 | ○預金に対する利息と、貸出に対する返済利息の「利ざや」が利益となる仕組みを理解できるようにする。
○手数料収入も利益になっていることはふれておく。
○さまざまな金融商品があるが、発展的に、リスク・リターンの視点も入れて、考えさせることがあってもよい。定期預金　債券、株式、投資信託など |
| 深める | ○企業は、お金を調達する時に２通りの仕方でします。一つは銀行からお金を借りること、もう一つは企業が、株式や債権を発行して、貸し手から直接にお金を得ることです。それぞれ何というか調べてみよう。
・間接金融
・直接金融

○ワークショップ「あなたが銀行員。４人の人にお金を貸しますか」
「あなたは、預金者から1,000万円を預かっているとします。融資（企業・人にお金を貸す）係に今年からなりました。そこへ次の４人がお金を借りにきました。あなたは、お金を貸しますか。また、利子率の設定はどうしますか。期間もどうしますか？」 | ○４枚のカードを用意する。資料４ |

ま と め る	貸す（いくら　　　） 貸さない 金利（高・中・低） 期間（10年以上、5〜10年、1〜5年） 理由？ ○1〜2時間目に学んだ金利の役割に関連さ せて、今日学んだことをまとめてみよう。 ○企業、金融機関、家計の間のお金の流れを 「直接金融」「間接金融」に色分けして図に してみよう。	

資料1：定期預金金利
資料2：住宅を買う時、銀行からお金を借りた時の金利
資料3：金融の役割の図：この図はどの教科書にも掲載されている。
資料4：次の4人のカードがある。

Aさん：私は、今後時間はかかりますが、ロケットをつくっていこうと思っています。日本初の試みです。成功すれば大きな利益がでます。長い支援をお願いしたい。

Bさん：私は、2020年東京オリンピック時の暑さに対応できるウェアを開発中で、もう少しで完成します。確かにライバルの会社は多いですが、自信はあります。

Cさん：後輩のあなたがこの仕事をしていることにびっくりしているわ。芸能プロの事務所をこの街でつくりたいと思っているの！ タレントは人気商売だけど、じっくり育てていくつもりですよ。

Dさん：久しぶりだね。小さい頃はウチでよく遊んでいたね。知っているとおり、運送業今、ピンチです。新聞で事故の件が報道されたけど、責任はウチにないことは間もなくわかります。信じてくれますよね。

第4時の授業の流れ

	主な発問・説明・指示／予想される反応	資料や指導上の留意点
出 会 う	○お金を得る方法、第3弾、 今まで「かせぐ」「かりる」「ふやす」が出てきました。その中で、今回は、「つくる」です。 「つくる」というどんなことをイメージしますか？ ・お金・1万円札 ○個人でつくると犯罪です。 では、紙幣をつくっているところはどこでしょうか？ そう今日、勉強していく日本銀行です。発券銀行の役割があります. ○日本銀行はどこにあるのだろう？	○手持ちのお札で 『日本銀行券』と書いてある箇所を書画カメラなどで拡大 ○東京に本社、全国に支店が32ある。

日本銀行ミニクイズ・
①個人でも預金できる（ホント、ウソ）
②窓口には個人の人が来ている。傷んだお金の交換にやってきている。（ホント、ウソ）
③駅前の銀行は、日本銀行代理店でもある。
　（ホント、ウソ）
④日本銀行は株式会社である。
　（ホント、ウソ）
⑤日本銀行は、年間にいくらの収益をあげているのだろうか？
　（ほとんど0、70億円、7,000億円）

①ウソ②ホント：個人が預金したりお金を借りたりはできない。ただ、窓口で税金や交通罰則金を払えるし、傷んだお札をもっていくと引き換えてくれる。
③ホント　資料1
④ホント：ジャスダック取引所に上場している資本金1億円の一種の株式会社。
⑤正解は7,000億円、この収益は政府におさめられます。

学習課題
日本銀行はどんな仕事をしているのだろうか。

向き合う

○日銀の他2つの役割とは何だろうか。
○A銀行の大阪支店からB銀行名古屋支店の振り込みは、簡単にできてしまいます。これはなぜできるのでしょうか。図を使って考えてみよう

○個人は日銀に口座を設けられないけど、ほとんどの銀行は預金口座（当座預金）をもっています。この口座間でお金が動きます。
　一日のその決済額は137兆円（2017年）です。銀行は日銀に預金しているので、銀行の銀行と言われます。

深める

○私たちが納める税金も日銀の金庫にはいっているので、政府の銀行とも言われています。
○日本銀行がつくられた目的とは何だろうか。資料2から読み取ってみよう。
※資料2の③に関して、東日本大震災の際、被災地金融機関にすみやかに現金を支給したこともふれる。
○物価の安定のために、日銀がおこなっていることを、金融政策といいます。
○さて、物価の安定をはかるために、どんなことをしているのだろうか。
○ここでも金利が注目されます。景気のよい時は、モノの値段があがります。モノの値段があがっている時は通貨量が多くなって

○図としては、次のようなものを用いる。

日　銀

A銀行	B銀行

お金を　　　　　お金を引き
振り込み　　　　出す

※銀行は日銀に口座を持っていることをおさえたい。

○教科書では「金利」という言葉では説明していない、複雑になるからだ。ただ教材研究するものとして、知っておきたいこととして：
□金利には、モノの値段の変化を調

<table>
<tr>
<td rowspan="4">ま
と
め
る</td>
<td>

いることなので、日銀は通貨を減らすように、国債を銀行に売ります。銀行は、通貨量が減ったので、金利を上げます。そうすると、企業や家計はお金を借りにくくなります。では、不景気の時に、どうなるか。図にして考えてみよう。

〇最後に、お札は「日本銀行の借用書」と言われるけど、なぜだろうか？
→本来であれば、金と交換してもらってきたことの名残りだとされます。（兌換紙幣）

〇不景気（デフレ）だということで、お金をどんどん印刷していけばどうなるだろうか？　→ハイパーインフレ

〇無制限にお札は発行できないとすれば、何を基準に発行しているのだろうか。
→ 国債
〇日銀が直接、新規国債を引き受けることは禁じられているが、いったん市場に出た国債を買い入れることは問題ないとされ、貨幣供給の方法になっている。この国債を売買しながら、日銀は通貨量の調整をおこなっている。
〇個人、企業、金融機関、政府・行政、中央銀行（日本銀行）の５つの主体について；右に貸す側、左に借りる側という形で組み合わせをつくってみよう。
例　個人 → 個人　〇　・個人 → 中央銀行　×
〇「金利」は誰が決めるのだろうか。

</td>
<td>

整する機能があるということを再度確認したい。
□中央銀行は一般に、金利を上下させる政策を行ってきた。
□インフレがおきると、金利もあがる。これを金融政策で金利をもっと高くしてしまうと、どうなるだろうか？　モノの値段か上がっても、金利がそれ以上に高くすれば、今すぐには、お金を使わないことが多くなる。そのため、人々は節約しはじめ、モノの値段もおさまる。（金融引き締め）

□デフレの時は、この逆で低い金利を実現し、人々に節約するよりもお金を早くつかおう、モノを買おうという気をおこさせることにつながり、デフレから抜け出させる。（金融緩和）

〇ところが、今おこなっている金融政策は、教科書的に理解しにくいものが含まれてきている（マイナス金利政策 → 長短金利操作付き量的・質的金融緩和政策）。
〇中央銀行とは、銀行券あるいは銀行券へといつでも交換できる預金を世の中に提供し、その代わりに国債や社債などの金融資産を金庫に入れて保管している社会的装置。[※1]

</td>
</tr>
</table>

※1　岩村充『中央銀行が終わる日』新潮選書　2016年、p.187。
資料１：銀行や郵便局の玄関の看板の写真（筆者撮影）
資料２：日本銀行法第一条と第二条
　　　①銀行券の発行
　　　②物価の安定を図ることを通じて国民経済の健全な発展に資すること
　　　③決済システムの円滑かつ安定的な運用を確保し、金融システムの安定に資すること

7　小括 — 考察と課題

　本章では、広義の金融教育ではなく、社会科公民分野における「金融に関する学習」に焦点を当てた。そのため、まず、学習指導要領における「金融に関する」学習内容変遷と時代背景を概観した。昭和44（1969）年版ですでに、現行（及び次期）学習指導要領の内容を網羅していること、逆に内容そのものは、増減はあるにしても変わっていないことがわかった。また、今後求められる学びが、「見方・考え方」を鍛えながら、制度やしくみがどのようにして、なぜつくられたのかを探究する学習になっていることも確認できた。先行実践研究として3本の研究・指導プランを検討した。その3本に共通しているのは、金融という子ども達にとって馴染みの少ない分野を、身近な場面で考えさせたり、経済全体の流れの中で捉えさせたりするものであった。しかし、「金利」そのものに着目したものではなかった。本章では、「金利」の起源と役割からまず「金融に関する」学習を進めるプランを提案した。「金利」に関した学習は、高校での内容になるのだが、ねらいとしては、「金利」とはそもそも何だろうか、と今後も考えていけるきっかけをつくることである。また、「金融」「銀行」「日本銀行」に関しては、できるだけ身近な例から考えられる教材を開発してみた。『高校公民・解説』を読むと、政治・経済科目では、中央銀行の政策委員会の委員になったつもりで考察、構想するなどの模擬的な活動を取り入れることも例として挙げている。中学校から高等学校への学びの接続を考えるならば、中学校段階で「金融に関した学習」（中でも、金利、日銀）をどこまで深めるかの検討と議論がさらに必要であると思われる。

　経済学習は、目に見えない部分を扱い、抽象化・概念化する学びが含まれる。教材開発する際にも具体化するのには限界がある。その中にあって、「その仕組みはそもそもどうしてあるのか」を歴史的な起源から捉え、各授業者が考案したワークの中で考えさせることは可能ではないか。特に「金利」というのは、見えづらいが経済の基礎である。今回、「金利」を起源から捉えようとしたが、金融史という視点からのアプローチも理解を深める上では必要で今後

も授業開発をしていく。稚拙なこの授業案から、「金融に関した」学習が深まることを期待する。

奥田修一郎

注

1)　「金利」は簡単に言えば、「お金の賃貸料」である。また、賃貸の仕組みがあるから高価な買物もできる。個人レベルでは金融商品の購入や住宅ローンを借り入れる際に意識されるが、個人のお金の損得という範囲をこえて、金利の変動は、経済全体で見るといろいろなところ（企業の設備投資の活発化、政府の財政状況、景気の良し悪し、物価との関係などにも）重要な影響を与えている。

2)　日本の金融教育の実施主体には、内閣府、金融庁、文部科学省、消費者庁、金融広報中央委員会、日本FP協会、証券知識普及プロジェクトなどがある。金融広報中央委員会の「金融教育」では、分野を、A　生活設計・家計管理に関する分野　B　金融や経済の仕組みに関する分野　C消費生活・金融トラブル防止に関する分野　D　キャリア教育に関する分野の4つに分けている。（「金融教育プログラム［全面改訂版］」）

　　また、それぞれの主体により、金銭教育的な視点、経済教育的な視点、生活設計的な視点、消費者教育的な視点（特に金融トラブルを防ぐ）、キャリア教育的な視点、投資教育的な視点などの重点の置かれ方が違っている。

3)　日本証券業協会の証券知識普及プロジェクトが提案している「金融経済」とほぼ重なっている。（金融経済ナビ　http://kinyu-navi.jp/project.html）

4)　公民教科書7社のうち、3社は図が掲載されておらず、本文のみである。

　　あとの4社は図があるが、経済用語が違っている。基本は国債売買と通貨量の増減による景気効果が述べられている。ただ、経済主体として「日本銀行」「銀行」のみからの説明であったり、「日本銀行」「銀行」「企業・家計」の3主体からの説明であったりとばらつきがある。さらに、「金利」を使ってプロセスを説明している教科書もある。

5)　金子浩一「公民的分野における経済概念の説明の実態 ― 中学校の社会科教員へのアンケート調査からの考察 ― 」『経済教育』No.36、2017年、pp.127-145。

6)　それぞれの年度の学習指導要領は、国立教育政策研究所の「データベースインデックス」を参考にして作成している。

7)　金融の自由化により、銀行預金の全額保障がされなくなった。そのため、金融に関してのよりいっそうの知識と選択の際の自己責任が問われるようになったことや少子高齢化を原因とする国民年金制度、国民健康保険制度への不安などによる若者の未加入問題なども背景にあった。

8)　金融庁は、平成14（2002）年に文部科学省に対して、「学校における金融教育の一層の推

進について」を提出し、平成 16（2004）年には「初等中等教育段階における金融経済教育に関するアンケート」を実施し、結果を公表している、金融広報中央委員会は、平成 14（2002）年に「金融に関する消費者共苦の推進に当たっての指針」を発表している。

9)　東京学芸大学・みずほフィナンシャルグループ、金融教育共同研究プロジェクト編「考えてみよう　これからのくらしとお金【改訂版】」2017 年、pp.76-83。「考えてみよう　これからのくらしとお金【改訂版】　授業ガイド」2017 年、pp.28-31。

10)　金融広報中央委員会「私たち中学生で会社をつくろう」2018 年。

11)　松井克行「中学・高校の社会科・公民科で「直接金融、間接金融」をいかに教えるべきか？」『経済教育』30、2011 年、pp.95-101。

12)　金融広報中央委員会「金融教育プログラム【全面改訂版】— 社会の中で生きる力を育む授業とは— 」2016 年。

13)　同上より：パーソナルファイナンスに関したものをまとめると、次の項目の学習である
　①家計の収入・支出について理解する。
　②金利計算（複利）を理解し、継続して貯蓄・適用に取り組む態度を身に付ける。
　③金融商品には株式や債券などがあることを理解する。
　④リスクとリターンの関係について理解する。
　⑤生活設計の必要性を理解し、自分の価値観に基づいて生活設計を立ててみる。
　⑥よりよい生活を送るための様々な工夫について理解する。
　⑦ローンの仕組みと機能について理解する。
　⑧事故や災害、病気などのリスクや負担を軽減させるための手段の一つの保険があることを理解する。
　⑨個人が投資をすることが、結果として企業の経済活動を支える意味を持つことを理解する。
　⑩収入を得ることが生活の安定のために必要であることを理解する。
　⑪ニートやフリーターについて考える。

14)　カビール・セガール著　小坂恵理訳　『貨幣の「新」世界史〜ハムラビ法典からビットコインまで〜』早川書房、2016 年、p.131。

15)　美和卓『金利「超」入門』日本経済新聞社、2017 年、pp.12-37。

16)　高井浩章『おカネの教室』インプレス、2018 年。この本の中で、高井は中学 2 年に特別授業をするという設定で、お金を手に入れる方法を 6 つのことばで説明している。それは「かせぐ」「ぬすむ」「もらう」「かりる」「ふやす」「つくる」である。

17)　文・泉美智子　絵・山下正人『はじめまして！　10 歳からび経済学　②もしも銀行がなかったら』ゆまに書房、2008 年。

18)　山根栄次『金融教育のマニフェスト』明治図書、2008 年、pp.12-16。　お金を貸す側と借りる側の取引とすると、組み合わせは 19 通りである。個人でいうならば、次の 4 通りである。・個人×個人、個人×企業、個人×金融機関、個人×政府・行政（前が貸す側、後ろが

借りる側）。個人×中央銀行はない。

この章を深めるために

金利や日本銀行に関した本として、

○池上彰『改訂版　日銀を知れば経済がわかる』平凡社新書、2017 年。

　　改訂版であるこの本は、最近までの日銀の金融政策について言及している。それにもまし
　　て、むずかしい概念を、身近な例からわかりやすく説明している。

○カビール・セガール著　小坂恵理訳『貨幣の「新」世界史〜ハムラビ法典からビットコイン
　　まで〜』早川書房、2016 年。

　　経済史、生物学、心理学、脳科学、人類学、宗教、芸術などあらゆる分野にわたる最近の
　　研究を駆使して「貨幣の世界史」を語っている。難解だが推理小説を読む感覚になるのは不
　　思議だ。負債がお金よりも先にあることや「贈与の経済」など、「信用貨幣起源」の捉え方
　　をしている。この視点からそもそも金利とは何かを考えるきっかけになった。そのため、本
　　授業案はこの歴史的な視点からの金融へのアプローチをとったため、教科書で教えられてい
　　る内容（商品貨幣起源）とはちがう面があるが、そもそも「金融」「貨幣」「金利」とは何だ
　　ろうかと考えるきっかけになればと思い、考案したものである。

○翁邦雄『金利と経済』ダイヤモンド社、2017 年。

　　自然利子率の仕組みから、日銀の政策を本格的に検討している。自然利子率（＝完全雇用
　　に対応する実質利子率）の概念を中心に据えて論じていく。自然利子率をどうわかりやすく
　　言えるかを考えさせられた。同じ筆者の『日本銀行』ちくま新書も合わせて読むと理解が深
　　まる。

第8章　経済概念を取り入れた経済教育実践
― 新科目「公共」を想定した授業（高校）―

1　本章の概要

　本章では、中学校での経済教育に留意した上で、高等学校においてどのような経済教育を行うことができるか紹介したい。授業開発の着眼点は、第一に中学校学習指導要領において「分業と交換」が明記されたことである。第二に新必履修科目「公共」の学習指導要領解説において「自発的な交換は国内でも国外でも同様に交換の参加者の利益を高めること」を理解させる点について明記されたことである。第三には、「公共」の学習指導要領において、職業選択や金融の働きの主題[1]に＋おいて、「起業」について取り上げること明記されたことである。

　以上のような事柄に着目しつつ、小中高の学習指導要領に共通して明記された「主体的・対話的で深い学び」を実現するような手法、いわゆるアクティブ・ラーニングも導入し、高校一年生を対象とする「公共」を想定とした単元開発を行った。本章では、どのような単元を開発したか、それを実践することによって対象生徒の経済的見方・考え方がどのように変容していったかを示したい。

2　授業開発の着眼点

（1）　新学習指導要領および解説における経済概念の記述
　2017年に小学校および中学校、2018年には高等学校の学習指導要領が告示された。今回の改訂で特徴的なのは、教育方法として「主体的・対話的で深い

学び」が示された点と、校種を問わず各教科・科目統一して「見方・考え方」が示されたことである。

　中学校の学習指導要領においてはこれまで効率と公正などに着目することを示されていたが、今回の改訂では、新たに「分業と交換」というキーワードが示された。これらの概念に着目し、市場経済の基本的な考え方を理解することが要求されるようになった。

　高等学校においては、これまでの必修科目であった「現代社会」が廃止され、新たに必履修科目「公共」が設置された。「公共」では、これまでの「現代社会」同様に、「幸福・正義・公正」などに着目することが示されている。経済教育に関わるところでは、「B　自立した主体としてよりよい社会の形成に参画する私たち」において、以下のように知識および技能を習得させることが示された。

図表8-1　「公共」の学習指導要領における経済分野に関わる知識及び技能 [2]

> （ウ）職業選択、雇用と労働問題、財政及び租税の役割、少子高齢社会における社会保障の充実・安定化、市場経済の機能と限界、金融の働き、経済のグローバル化と相互依存関係の深まり（国際社会における貧困や格差の問題を含む）などに関わる現実社会の事柄や課題を基に、公正かつ自由な経済活動を行うことを通して資源の効率的な配分が図られること、市場経済システムを機能させたり国民福祉の向上に寄与したりする役割を政府などが担っていること及びより活発な経済活動と個人の尊重を共に成り立たせることが必要であることについて理解すること。（下線筆者）

　下線で示した「職業選択」について、学習指導要領解説は「新たな発想に基づいて財やサービスを創出する必要が予想される中で、社会に必要な起業によって、革新的な技術などが市場に持ち込まれる経済成長が促進される」ことを理解させることとし、「起業」について扱うこととしている。

　また、「市場経済の機能と限界」について、「市場における自発的な交換によって、交換の参加者にはそれぞれ利益が生じるが、それは国内における取引でも、国境を越えた貿易取引でも同様であることについて理解できるようにすること」「消費者の利益が確保され社会的余剰が最大化すること」「経済活動が

より活発に行われることで生活水準が高まること」について理解させることとしている。つまり、新学習指導要領は、自由な競争によって実現する資源配分はパレート効率であるという厚生経済学の基本第一定理の考え方を生徒たちに理解させることを要求しているといえる。

さらに、「金融の働き」について学習指導要領解説は、「起業のための資金はどのように確保できるか」を取り上げることとし、「職業選択」の主題同様に、起業の視点を取り入れることとしている。また、クレジットカードや電子マネー、キャッシュレス社会の進行など金融の技術革新についても扱うこととしている。以上の３つの主題を関連させながら、６次に及ぶ単元を開発することとした。

（2）　分業と交換や市場経済に関する「現代社会」教科書の記述 [3)]

中学校学習指導要領で新たに明記された「分業と交換」であるが、高等学校教科書ではどのような扱いがなされてきたのであろうか。本節では、主要な高等学校の「現代社会」教科書において、分業と交換や市場経済の考え方に関してどのような記述がなされているかを示したい。

Ａ社は、経済分野の冒頭の項目である「経済とは何か」おいて、「私たちが消費する財・サービスは多岐にわたるため、狩猟・採取の時代とは異なり、自給自足だけで生活することは難しい。このため、多くの財・サービスが分業によって生産されている」と社会的分業について触れている。また、分業と交換を理論的に示した比較生産費説については、国際経済の導入部分で扱っている。Ｂ社は、分業については、国際経済の箇所でのみ記述されており、比較生産費説の説明がなされている。ただし、「価格が上がったりさがったりすることによって、個々の企業の生産の量が調整されるだけでなく、社会全体の労働力や原材料などの資源が、必要な分野に配分されるように調整されていくのである」と市場経済による資源の最適配分については言及している。Ｃ社は、経済分野の冒頭の部分で、「分業することで効率性は高まり、一人では決してつくることのできない財やサービスの生産が可能になり、豊かな生活が可能になっているのである」と分業の効率性について言及している。また、「価格は、

最終的に需要と供給を均衡させることから、資源を適切に配分する働きもある
とされる」と記している。比較生産費説については、国際経済の導入で扱って
いる。D社は、経済分野の冒頭で「社会的分業」について触れている。また、
「市場のしくみ」の箇所において「見えざる手」に導かれて有限な資源の効率
的な配分が実現できると市場メカニズムの効率性について言及している。他社
同様に、国際経済の導入において、比較生産費説を扱っている。以上から、現
行の「現代社会」教科書は、分業と交換について、経済分野の冒頭と国際貿易
の冒頭の部分で触れていることが分かる。また、国内取引における分業と交換
について、比較生産費説を用いて説明している教科書は見当たらなかった。

　一方で、先述したように、「公共」の学習指導要領では、「市場における自発
的な交換によって、交換の参加者にはそれぞれに利益が生じるが、それは国内
における取引でも、国境を越えた貿易取引でも同様であることについて理解で
きるようにする」と記されている。つまり、国際貿易の文脈だけでなく、国内
における分業と交換についても、きちんと今後の「公共」の授業では行ってい
く必要がある。

　この点については、大学入門レベルの教科書『マンキュー入門経済学』
（N.グレゴリー・マンキュー）などが参考となる。たとえば、この本では牛飼
と農夫の比較優位や、「タイガーウッズは庭の芝刈りを自分でするべきか」な
どの例を用いて、分業と交換は我々の日常生活の様々な場面で見られることを
示している。これらの記述を参考に、分業と交換の概念を活用し、自らの比較
優位をどのように活用するかという視点をもたせ、人工知能などの新たな技術
革新が予想される将来において、どのような職業選択や起業が可能かを考えさ
せる単元構成を考えることとした。

（3）「主体的・対話的で学び」とゲーミフィケーション
　ゲーミフィケーションとは、ゲーム以外のものをゲームと捉えて、人々の
動機づけとし、楽しく取り組めるようにしようとする考え方である[4]。学習指
導要領でも明記された「対話的・主体的で深い学び」を推進する上でも注目に
値する考え方といえよう。筆者の経験でも、経済に関する授業では、理論を理

論のまま伝えても、生徒は退屈するのみで、まったく頭には入らずうまくいかない。そのような点からも授業にゲーム的要素を取り入れ、生徒の主体性を促し、理解を深める取り組みは有効だと感じられる。

　これまで中高生を対象とした社会科に関係するゲーム教材には多文化間のジレンマを経験させる「ひょうたん島問題」、南北問題を実感させる「貿易ゲーム」、批判的思考力を育成するための「外交交渉ゲーム」等の様々なものが開発されており、その有効性も実証的に示されてきた[5]。一方で、市場メカニズムの働きにより資源の効率的配分が行われることを実感させるための、学術研究を基盤としたゲーム教材は現在のところ開発されていない。むしろ、多くの場で実践されている「貿易ゲーム」などは国際分業が格差を拡大させるものという見方を体験者に与えてしまい、全体の福利の向上に結び付くという視点を持たせられていない。そこで、「分業と交換」が全体の利益を増やすことに繋がることを実感させるゲーム教材を作成し、単元の導入で用いることとした。さらに、金融の分野については、生徒にとってなじみがなく、内容が難解に感じられてしまう部分が多くある。そのために、本実践では、単元の後半に、ロールプレイング形式の金融のゲームを行うこととした。

3　取り上げる経済概念

　以上から中心として取り上げる経済概念は「分業と交換」として定める。その他にも金融の働きや職業選択を扱うことから、「直接金融と間接金融」「リスクとリターン」「外部効果」などの経済概念も取り上げる。場面設定としては、起業には外部効果が伴うこと、職業を選択し従事することは「分業と交換」であること、起業によって資金調達する際には、銀行などから資金を調達する場合と株式や債券による場合がある点について触れるといったものである。

4 授業の実際

（1） 実践対象生徒

M高校1年生 44名

（2） 単元目標

・分業と交換によって個人の利益だけでなく、社会全体の利益が高まることや金融の基本的なしくみを理解する。（知識および技能）

・起業は、社会全体に対して大きな付加価値を生み出すことを理解する。（知識および技能）

・将来どのような資金調達の仕組みが望ましいか構想することができる。（思考力・判断力・表現力等）

・積極的に自らの職業選択を考えようとする。（主体的に学びに取り組む態度）

（3） 評価のためのルーブリック

観点	知識及び技能	思考力・判断力・表現力等	主体的に学習に取り組む態度
A	自発的交換は双方に利益をもたらすことや金融の基本的な仕組みを理解し、自らの主張を行うために必要な資料を適切に活用することができている。	資金調達のしくみについて多面的・多角的に考察し、望ましい資金調達のしくみを具体的に構想することができている。	グループ課題に積極的に取り組み、レポート等の作成や発表を適切に行うことができている。
B	自発的交換は双方に利益をもたらすことや金融の基本的な仕組みを理解しているが、自らの主張を行うために必要な資料を適切に活用できていない。	資金調達のしくみについて、多面的・多角的に考察し、一応望ましい資金調達を構想することができている。	グループ課題に取り組み、レポート等の作成や発表を行っているが、消極的姿勢が目立つ。

C	自発的交換は双方に利益をもたらすことや金融の基本的な仕組みを理解しておらず、自らの主張を行うために必要な資料を適切に活用できていない。	資金調達のしくみについて、多面的・多角的に考察することができているが、望ましい資金調達のしくみを構想することができていない。	グループ課題、レポート等の作成、発表のいくつかの部分で不備や不十分な点が見られる。
D	自発的交換は双方に利益をもたらすことや金融の基本的な仕組みを理解しておらず、資料の活用を行っていない。	資金調達のしくみについて多面的・多角的に考察することができてない。	グループ課題に対して積極的に取り組まず、レポート等を提出せず、発表も行っていない。

（4）　単元指導計画

第 1 次	分業と交換ゲームを実施する。
第 2 次	職業選択や起業について理解させる。
第 3 次	産業構造の変化や技術革新について理解させる。
第 4 次	金融について理解させる。
第 5 次	それぞれの班の起業案を発表する。
第 6 次	貸付ゲームを実施する。

（5）　授業の具体的内容

　本章では、紙面の都合上、第 1 次の分業と交換ゲームの内容、第 4 次の金融に関する内容、第 6 次の貸付ゲームの内容を中心に取り上げる。

　・第 1 次の授業の流れ

時間	内容	生徒の動き
導入	発問「経済と聞いた場合どのような事柄を思い浮かべますか？」 → 限られた資源をいかに有効活用するかが経済学の目的の一つであることを伝える。	発問に答える。
展開①	「分業と交換」ゲームの実施	ゲームをする
展開②	振り返り ・交換を前提とする場合、どのような生産をしたか？ ・交換前と交換後では、どのような変化が見られたか？ ・日常生活の事柄について、このゲームで起こったことをもとに説明できることはあるか？	ゲームの結果について考察をしていく。
まとめ	職業に選択し従事するや起業することも「分業と交換」であることを確認する。	

ゲームのルール

① 予算50円として、個人で一番満足のいくチロルチョコ（1個10円）、うまい棒（1個10円）の組み合わせを考える。

② 班の中で話し合って、予算50円の中で一番満足のいくおやつの組合せ（おやつセット）を考える。

③ 教員がそれぞれの班に異なる、チロルチョコとうまい棒の労働時間あたりの生産性を与える。各班の労働時間が30時間の場合に各班でどれだけのおやつセットを作ることができるか計算させる。

④ 生産性の異なる他の班との交換を前提として、労働時間30時間でチロルチョコとうまい棒の生産の組み合わせを考えさえる。

⑤ 実際に他の班と交換し、おやつセットが増えたかを計算させる。

第1次のワークシートの例

(1) あなたの予算は50円です。この予算の中でチロルチョコ（1個10円）とうまい棒（1個10円）を購入するとします。あなたにとって一番満足する購入の仕方を決めてください。お金が余った場合には返却となります。

チロルチョコを 2 個　うまい棒を 3 個　　 0 円が余る

(2) 班の中で予算50円の中で一番満足するお菓子の組み合わせを決定してください。

チロルチョコ　3個　　　　　うまい棒　　2個

↑これが班でのおやつ1セット分の組み合わせとします。

(3) あなたの班では、下の表のようにチロルチョコとうまい棒を生産できるとします。30時間ある場合、最大で何人分のおやつセットを作ることができるか計算してください。
あなたの班の生産性

チロルチョコ1個	1時間
うまい棒1個	2時間

↓自給自足で30時間の労働時間を振り分けた場合

チロルチョコを　（14）個　生産
うまい棒を　　　　（8）個　生産
(4) 人分のおやつセットが完成

(4) 先ほどの生産はリセットして、次は他の班とお菓子を交換できることを前提に、班の中で20時間を使ってチロルチョコとうまい棒を自由に生産してください。他の班と生産したものを交換し、できるだけたくさんのおやつセットを作った班の勝ちです。他の班との交換は、チロルチョコ1個＝うまい棒1個とします。おやつセットについては、整数分しか認めません。

交換前	チロルチョコを　　(14) 個　生産 うまい棒を　　　　(8) 個　生産
交換後	チロルチョコを　　(18) 個　生産 うまい棒を　　　　(12) 個　生産 おやつセット　　　(6) セット

　このゲームのねらいは、まず限られた予算で一番満足する組合せを考えることによって、多くの人が特定の1つの財のみを得るよりも、組み合わせたものに満足することを実感させることである[6]。その後、その組合せを各班のおやつセットとして固定する。各班で、おやつセットの組合せが異なることから、それぞれが満足を感じる組合せは異なるということにも気づかせることができる。その上で、各班に異なる生産性を示したリカードの比較生産費説の説明に用いられる表を提示し、交換をさせていく[7]。自由に生産し、交換して良いとしておけば多くの班が自らの得意なものに生産を特化するようになる。そうするとどちらの財の生産量も増大し、交換することによって全体のおやつセットが増えることとなり、分業と交換が社会全体の満足度を高めるということを体感的に理解させることができる。

・第4次の授業の流れ

時間	内容	生徒の動き
導入	発問「もしも会社を起業するならば、どのようにして資金を集めるか？」 →間接金融、直接金融、クラウドファンディングについて確認する。	発問に答える。
展開①	発問「今1,000円もらえるのと7日後に1,010円もらえるのとどちらを優先するか？」 →お金の感じ方は異なり、そのため金融という仕組みがあることを確認する。 発問「いつも真面目なA君と見知らぬBさん、どちら	発問に答える。 リスクとリターンについて考える。

	でも同じ条件でお金を貸すか？」 → リスクとリターンについて確認する。	
展開②	「おだんご娘。とフシギな経済テレビジョン」（日本証券業協会）を視聴させる。 発問「自分たちならば、どのような事業を考えるか？」	DVD を視聴する。 起業案を考える。
まとめ	次回、5人×9班で発表することを予告	起業案を準備する

第4次のワークシートの一部

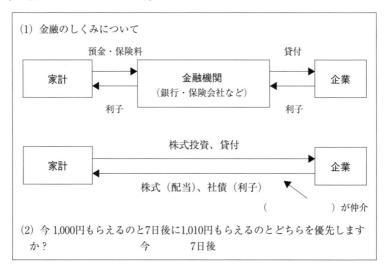

(1) 金融のしくみについて

家計 ←預金・保険料→ 金融機関（銀行・保険会社など）←貸付→ 企業

利子　　　　　　　　　　　　　　利子

家計 ←株式投資、貸付→ 企業

株式（配当）、社債（利子）

（　　　　　）が仲介

(2) 今 1,000円もらえるのと7日後に1,010円もらえるのとどちらを優先しますか？　　　　　　　今　　　　7日後

　本授業では、お金を現在必要としている人と、現在は必要としていない人がいることを理解させることによって、金融の仕組みの意味を理解させることとした。さらにリスク（不確実性）とリターン（収益性）について扱った後に、日本証券業協会の作成した「おだんご娘。とフシギな経済テレビジョン」を視聴させた。その後に、次回の起業案の作成へとつなげた。

　・第6次の授業の流れ

時間	内容	生徒の動き
導入	前回の各班の発表を評価させる。	前回の各班の発表を評価する。
展開①	貸付ゲーム[8]の実施 ①銀行員としてどのような貸付を行うかを考えさせる。 ②投資家としてどのような投資を行うかを考えさせる。	ゲームを行う。

展開②	間接金融と直接金融のメリットとデメリットについて話し合いをさせる。将来の望ましい資金調達の在り方について自分の意見をまとめさせる。	ゲームの振り返りを行う。
まとめ	それぞれの構想を発表させる。	発表する。

ゲームのルール

　前回の各班の起業プランをもとに、事前にこちら側で前回の各班の起業プランを参考に、ハイリスクにはハイリターン、ローリスクにはローリターンの貸倒率と金利を以下のように設定しておく。この際に、貸倒率0%の国債への貸付を選択しても良いことを告げる。

　ワークシートの一部

	各班で出されたプラン	格付け	貸倒率	金利	貸付金	成功 or 失敗
1班	ＡＩブレスレット	ＡＡＡ	10%	6%		成功　失敗
2班	放置自転車対策ＡＩカメラ	ＡＡ	40%	15%		成功　失敗
3班	列車混雑解消アプリ	ＡＡ	40%	15%		成功　失敗
4班	万引き防止感知器	ＡＡ	30%	10%		成功　失敗
5班	受動喫煙防止探知機	ＡＡ	30%	10%		成功　失敗
6班	お年寄り向けＡＩロボット	Ａ	60%	20%		成功　失敗
7班	過疎地活性化旅行	Ａ	80%	60%		成功　失敗
8班	歩きスマホ防止アプリ	ＡＡＡ	5%	3%		成功　失敗
日本国債		ＡＡＡＡ	0%	2%		成功　失敗

① 　これらの表をみて各班は、銀行員として、各班の起業プランや国債に1,000万円をどのように貸付けるかを考えさせていく。

② 　各班がどの班への貸付を行うかを決定した後に、各起業プランを考えた班の代表者が教室の前に出てきてもらう。教員側は「成功カード」「倒産カード」と書かれたカードを相手に見えないように裏返して10枚提示する。例えば、貸倒率が10%の班には、9枚の「成功カード」と1枚の「倒産カード」を提示する。

③ 　各班の代表者は10枚のカードから1枚だけを選ぶ。その時に、成功

カードを選んだ場合には、その起業プランに貸付を行っていた班は金利収益を得ることができる。逆に、倒産カードを選んだ場合には、その起業プランへ貸付を行っていた班には貸付けた額が返ってこなくなる。

④　以上のことを次に銀行員としてではなく、投資家として繰り返す。

　ゲームのねらいは、このような活動によって起業家、銀行員、投資家と多面的に金融の仕組みを考えることが可能となる点である。また、ハイリスク・ハイリターンについても直感的に意識することが可能となる。最後には、金融の仕組みを評価すると同時に望ましい金融の在り方について構想させ単元を終了させた。

5　結果と考察

（1）結　果

・分業と交換について

　当初の単元目標に掲げた「分業と交換によって個人の利益だけでなく、社会全体の利益が高まることを理解する」については、単元の実施前と実施後に、「誰かが得している場合、必ず誰かが損している」について「はい」「いいえ」「分からない」の3つの選択肢でのアンケート調査を44名の生徒に行った。

図表8-2　「誰かが得している場合、必ず誰かが損している」についてのアンケート結果

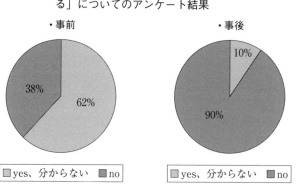

・事前　　　　　　　　　　　　・事後

38%　62%　　　　　　　10%　90%

□yes、分からない　■no　　　□yes、分からない　■no

分業と交換ゲーム後の振り返りでは、以下のような記述があった。

> ・世の中誰かが得をすると必ず誰かが損をすると思っていたが、交換はそもそも両者にとって得になるということが分かった。
> ・お互いに足りないものを補うことで、win-win の関係になることが分かった。
> ・売買はお金をとおして、お互いに欲しいものを交換して得ていることが分かった。
> ・自分自身の長所を伸ばせば、お互いに補完しあってうまくいくことがあると思った。

・金融の働きについて

金融についても同様に「銀行は個人から預かったお金よりも高い金利で企業へ貸付を行う」について「正しい」「正しくない」「分からない」の3つの選択肢で44名の生徒にアンケートを実施した。

図表 8-3　間接金融に関する生徒の理解

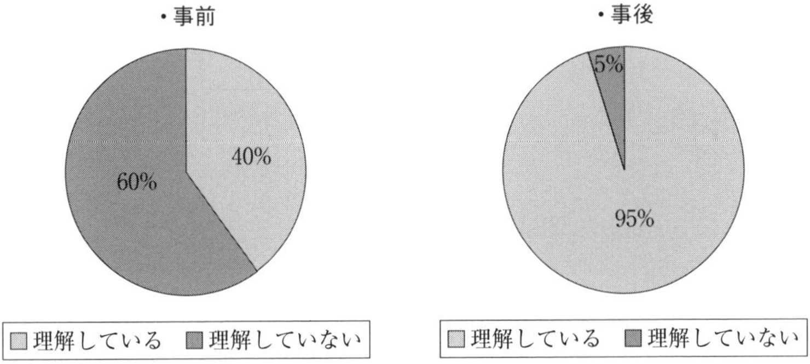

・事前　　　　　　　　　　　　　　・事後

□理解している　■理解していない　　　□理解している　■理解していない

さらに、将来の望ましい金融の仕組みについての記述には以下のようなものがあった。これらの記述については、前述したルーブリックに基づいて分類を行った。

観点	思考力・判断力・表現力等	該当人数
A	資金調達のしくみについて多面的・多角的に考察し、望ましい資金調達のしくみを具体的に構想することができている。	21人
B	資金調達のしくみについて、多面的・多角的に考察し、一応望ましい資金調達のしくみを構想することができている。	19人

C	資金調達のしくみについて、多面的・多角的に考察することができているが、望ましい資金調達のしくみを構想することができていない。	2人
D	資金調達のしくみについて多面的・多角的に考察することができていない。	2人

授業者がAと評価した生徒の記述の一部

・銀行から資金を得る程の実力の無い人でも資金が得られるように、半寄付半購入型の新しいクラウドファンディングの仕組みを導入する。
・起業と銀行が集まる会を作り、企業側がオーラルセッション形式でプレゼンを行うこととする。
・国が社会的な課題を解決してくれそうな事業に補助金を出すシステムを導入する。

授業者がBと評価した生徒の記述の一部

・銀行や国が企業を調査して、成果が出そうな所へ出資することにする。
・資金が余っている企業や家計が直接企業に資金を渡す"直接金融"と銀行が仲立ちしてくれて保障してくれる"間接金融"がバランス良く存在する必要がある。
・社会的な課題を解決してくれそうなところへ皆でお金を払う。

6　小括と今後の課題

　単元の最初に行った分業と交換ゲームについては、アンケート結果からも、多くの生徒に対して分業と交換によるメリットを理解させることができたといえる。ただし、ゲーム自体が世の中で行われている国際分業や社会的分業をモデル化したものにすぎず、どこまで生徒の社会に対する見方・考え方に影響を与えたかまでは分からない。ただし、高校一年生には難解なリカードの比較生産費説の読みとりが容易にできるようになった点や、生徒達の多くが生産性の高いものに自然と特化しようとする点を明らかにできた点は成果といえるだろう。

　金融については、中学校で習っているはずの間接金融の仕組みを半数以上の生徒が理解できていないことがまず明らかになった。高等学校でも中学校公民

分野の基礎的な部分を扱っていく必要があるといえよう。そのような基礎的な知識を活用させる場面として、起業家、銀行員、投資家といったロールプレイなどを入れながら、最終的に望ましい金融の在り方について構想させた。単元実施前の段階では、半数以上の生徒が金融の基礎的な理解ができていなかった中で、最終的には 44 名中 21 名が具体的な金融の仕組みの構想を立てることまでできていた。この点で本実践は概ね成功であったといおう。

　ただし、いくつかの課題が見られる。第一に対象生徒の多くは中学校段階では学力上位層であり、本実践が多くの高校生に対してでも有効であるかどうかは未知数である点である。第二に、本実践は新科目「公共」の大項目Ｂ「自立した主体としてよりよい社会の形成に参画する私たち」の経済分野を意識して開発したにもかかわらず、大項目Ａ「公共の扉」との関連性を見いだせていない点である。本来は大項目Ａで習得した概念を用いて大項目Ｂへとつなげていくことが必要である。本実践は、その点で公共の単元開発としてはなお改善の余地がある。この点については、今後の課題として取り組んでいきたい。

大塚雅之

注
1)　「公共」の学習指導要領では、大項目Ｂにおいて、「職業選択」や「金融の働き」など 13 の主題が示された。文部科学省の説明によると、13 の主題はすべて扱う必要があり、授業時間を考慮すると単元の中にいくつかの主題を組み合わせる必要があると考えられる。
2)　文部科学省、「学習指導要領」公共、p.81。
3)　東京書籍・第一学習社・実教出版・清水書院、高等学校「現代社会」教科書を参照。
4)　藤川大裕『授業づくりネットワーク No.26 ― ゲーミフィケーションでつくる！「主体的・対話的で深い学び」』、学事出版、2017 年。において、様々な授業でのゲーミフィケーションについて紹介されている。
5)　全国社会科教育学会「社会科研究」87、pp.27-29。において、社会科におけるゲームを活用した先行実践の検討が行われている。
6)　ミクロ経済学における無差別曲線の考え方を応用したものである。
7)　次の表のように、こちら側であらかじめ決めた生産性を各班に示していく。

150

	チロルチョコ1個生産に必要な時間	うまい棒1個生産に必要な時間
1班	1時間	3時間
2班	4時間	3時間

8) 横山省一「経験学習モデルによる 株式投資と経営の授業 ～金融教育における主体的な学習活動の実践～」、2017における金融のゲームを参考としたものである。

この章を深めるため

○ N. グレゴリー・マンキュー『マンキュー経済学Ⅰ ミクロ編（第3版）』東洋経済新報社、2013年。

経済学の入門レベルのテキストで、経済学について具体例を用いながら分かりやすく解説してくれている。特に、第一章に記されている経済学の十大原理については、経済的な見方・考え方に関する知識として参考となる。また、需要と供給や市場の失敗など中学校や高等学校の授業で扱うミクロ経済学の理論についても、ほとんど数式を用いずに分かりやすく解説してくれているので、教える際に役に立つ。

○橋本康弘『「公共」の授業を創る』明治図書、2018年。

新必履修科目「公共」について詳しく解説してくれている。「見方・考え方」を鍛えるための授業を3タイプに分類し、実践例などを紹介している。学習指導要領に明記されている「A 公共の扉」、「B 自立した主体としてよりよい社会の形成に参画する私たち」、「持続可能な社会づくりの主体となる私たち」のそれぞれの授業をどのように行っていけばよいのかが分かる。

○藤川大裕『授業づくりエンタテインメント！―メディアの手法を活かした15の冒険』、学事出版、2014年。

生徒を授業に惹きつけるためのさまざまな方法について記されている。毎時間行っている自身の授業を振り返って、まだまだ工夫できる要素があるのではないか考えさせられる内容となっている。文体も平易で分かりやすい。教育学の研究者が書いているだけあって内容自体深いものとなっている。

第9章　租税教育で何を語るか

1　本章の概要

　本章では、2015年の公職選挙法の改正にともなう18歳選挙権の実施を画期として、あらたに主権者教育の充実が求められるなか、租税教育に取り入れるべき視点について検討する。

　租税教育に関する先行研究において課税根拠論の理解の重要性が指摘されてきたが、筆者もこの視点に同意する。課税根拠論は、大きくは租税義務説（以下義務説）と租税利益説（以下利益説）に分けられる。

　本章では、第1に、両説の特徴をふまえて、イギリスで発展し、租税とその使途の関係を一体として説明する利益説を理解することが、主権者としての納税意識を高めるためには重要であることを指摘する。第2に、その理解を深めるためには、租税だけを取り出して講義を行うことには限界があり、支出の問題や予算審議への参加を担保する条件に関するような視点を含めて論じられなければならない。そして第3に、このような内容を含む租税教育を実施するためには、他の分野・教科の内容を踏まえた教科横断的なカリキュラムが求められることを指摘する。

2　問題の所在

　私たちは税に対してどのような認識をもっているのであろうか。日本の租税負担率はOECD諸国内でみるともっとも低い国のひとつであるにもかかわらず、国民の負担感はもっとも強いことがしばしば指摘される。このような認識

が生ずる背景には、課税の方法とその使途に対する納得感の低さがある[1]。

　歳入や歳出の在り方に不満があるならば、民主主義のもとでは、それらは議会による予算審議を通じて決定するのであるから、政治に参加することによって予算の組み替えを要求していくこととなる。しかし日本人の政治参加に関する意識は高いとは言えない。この点は基本的な政治参加の方法と考えられる投票行動からも指摘される[2]。1980年代では70％を超えていた投票率は、例えば18歳選挙権の導入後最初の平成29（2017）年の衆議院議員選挙では全世代でみた投票率は53.7％に低下し、さらに直近の令和1（2019）年の参議院議員選挙では48.8％とついに5割を切ったのである。すべての世代において投票率は低下傾向を示しているが、若い世代ほど投票率は低く、20歳代は平成4（1996）年の参議院議員選挙で40％を切って以後30％台で推移している。またはじめての18歳選挙における10代の投票率は先の衆議院議員選挙においても40.5％と低かったが、今回の参議院議員選挙では32.3％とさらに落ち込んだ。このような投票率の状況を裏付けるように、平成25（2013）年に内閣府が行った若者（13歳から29歳の男女）の意識に関する調査でも、日本の若者の政治に対する関心度は諸外国に比して低いという結果が示されている。「良い政治が行われていない」と考えるものが52.2％であり、政治に対する不満は大きい。しかし若者の60％が政治に対する個人の力を悲観的にみている[3]。

　しかし納税者としてのモラルは低いわけではなく、脱税などの不当な税金逃れに対しては厳しい目をもっており、そのコンプライアンス意識はOECD諸国内では最高水準を示している[4]。つまりは、税や使途の状況に対する不満、それも政治に対する不満のひとつであるが、それらに対しては納得していないのであるが、それでも税は払わざるを得ないものであると受動的にとらえている姿が浮かぶ。

　このような状況を思うとき、なぜ税を支払うのかという視点、すなわち課税根拠論からのアプローチが弱いのではないかと思うのである。このような根本的な理解なくして租税の理解は進まないであろう。また一方的な義務説によって課税の根拠が説明されていることも一因ではないかと考える[5]。筆者の大学以前の租税の学習に関する経験を振り返っても、「憲法が納税の義務を定めて

いるから払う」と教えられた記憶が強く、なぜ義務になるのか、あるいはなぜ憲法はそのように定めたのか、という説明もなく、「義務」という言葉だけがイメージされるのである。同様に、たとえば金子幹夫の高校生に対する租税教育に関する研究でも 62.5％の生徒が「納税は義務である」と考えており、残り 37.5％は「わからない・知らない」と答えたという結果が示されている [6]。

　本章では以上のような認識を出発点として、租税教育についても、ただ取られるものという受動的な理解ではなく、積極的な主権者としての税の理解が問われているのではないかと考える。そして租税教育においては、ただ租税の仕組みや制度について学ぶことだけではなく、租税を学ぶ中で「社会の構成員として、社会の在り方を主体的に考えること」の重要性を指摘している点をふまえて、あらためて代表的な課税根拠論である義務説と利益説の検討を出発点として、これからの租税教育の在り方について考えてみたい [7]。

3　義務説と利益説

（1）　義務説について

　周知のとおり、課税の根拠を説明する議論の代表的なものとして義務説と利益説がある。これらは 17 世紀から 19 世紀にいたるヨーロッパの市民革命期に登場する [8]。この背景には封建制国家から絶対主義を経て現れる近代国家への転換があった。それは財政の視点からみると家産国家から租税国家への転換を意味する。家産国家とは国家が財産を所有し、その財産から得られる収入を主たる財源として運営されるものであり、租税国家とは市民からの税を財源とするものである。この租税国家への転換は、おのずと個人の財産権と国家による課税権との関係について説明することを求める。その回答がイギリスやフランスで発展した利益説であり、ドイツで発展した義務説であった。

　義務説は、その前提として、国家をひとつの有機体的組織としてとらえる。個人はそれを構成する一要素であり、個人と国家は運命共同体であり、市民社会は国家なくして存在しないと理解される。そしてこの共同体＝国家は個人を超越した存在である。したがって、主として 19 世紀の前半に活躍したフリー

ドリヒ・ヘーゲル（1770-1831）の国家論をもって説明されることが多いのだが[9]、国家は市民社会を支え発展させる存在であり、そして市民社会を導いていく存在であり、絶対的な存在である[10]。つまり国家の役割は共同体を支えることにあると理解され、それは個人の利益と矛盾することはない。したがって租税と財政支出の関係は後退する。

（2）　利益説について

1）　租税協賛、自主的納税倫理、租税利益説

　上述のような「義務としての租税」が発展したドイツとは異なる議論がイギリスでは展開された。イギリスは 1642 年から始まるピューリタン革命と 1688 年の名誉革命という 2 つの革命を経て、近代国家へと移行していった。この過程で現れる租税協賛、自主的納税倫理、そして利益説は相互に関連し、市民による財政のコントロールの確立という点で同じ意義を有していると言える。

　この期のイギリス財政は軍事費をはじめとする経費の膨張に対して、王の財産からの収入だけでは賄えなくなり、臨時的な租税によって得られる収入に依存する部分が高まっていった。このような課税に対しては、1215 年に制定されたマグナカルタ以来、租税協賛にしたがって、王は議会の承認を得なければならなかった。イギリスでは古くから議会が予算の議定権と租税の協賛権を握ることによって王権に制限を加えてきたのである。この租税協賛の実権をもっていたのが市民階級であり、彼らは王の課税を追従することなく、対抗したのであった[11]。そして 1665 年には「経費許容条項」が導入され、財政支出に対しても承認権を獲得していった。やがて臨時税が恒常化し、租税を主たる財源とするに至り、王と議会の対立は激化していった。そして 1689 年には、のちの「権利章典」の原型となる「権利宣言」において明確に租税協賛権の内容が示されたのであった。名誉革命体制の政治的特質とは、まさにこの王と議会との抗争を通じて議会制が確立したことを意味する[12]。周知のとおり、このような変化の背景には資本主義経済の発展があったのであり、経済史的には名誉革命はその後の経済発展の基礎となる身分制の廃止と自由な営業活動を推し進めたのである。そしてこの過程において封建制下の土地貴族は資本主義的地主

となり、成長する中産階級と結びついていった。対する封建的勢力は衰退していったのであった。

　租税協賛が確立するということは、王に集中した課税権に対して、市民革命を通じて自由となった市民が統制することを意味する。自由と私有財産を手にした市民は、自分たちを超越する一切の権威を否定する。それまでの神の権威によって租税を説明する神学的納税倫理は否定され、国家を社会契約に基づく自らの共同機関と位置付けて自らの自覚に基づいて納税するという自主的納税倫理へと至る [13]。それは言い換えれば、国家が利益を与える限りにおいて課税権は認められということ、つまり国家による支出の内容が問われることとなり、租税と支出が結び付けて理解されるのである。

　2)　ジョン・ロックの租税思想

　国家の課税権と個人の所有権の対立はどのように説明されるのか、この問いに対して論理的な説明を試みた代表的な論者がジョン・ロック（1632-1704）であった。ロックの思想は名誉革命体制に説明を与えただけではなく、その思想は近代的政治原理の基礎をなしたと評され、のちのアメリカ独立宣言（1776年）に影響を与えた。そして日本国憲法は独立宣言の原理に倣ったといわれるように、その影響はわが国にも及んでいるのである [14]。

　名誉革命体制を擁護することがロックの使命であったので、先述の議論と重複するところが多いが、ひとつの代表的な体系として改めて確認しよう。

　これまでの議論からわかるように、租税とはなにかを考えることは、国家とはなにかについて検討することである。したがって、まずロックの国家に関する理解から見ていこう。

　ロックは国家の出現の前提として、まず国家の存在しない自然状態を示す。ロックは自然状態を「自由かつ平等」であるがしかし不安定な状態にあるものとした [15]。したがってより安定した状態のためには国家が必要となる。そこで人民は、自然権を有する諸個人の同意による社会契約によって国家に正当性を与えるのであり、市民社会の上に立つものではなく、その性格を人為的に決めることができると考えた [16]。こうして成立した国家は立法・行政・連合の三権を有して、諸個人の生命・自由・財産を守ることをその役割とする [17]。

しかしその目的をなすためには国家に対して税を支払わなければならない。そこでロックは課税根拠の説明として利益説を主張する[18]。つまり、社会契約説に立脚するロックは、市民の租税は国家が市民の生命・自由・財産を保護するという役割を果たす限りにおいて支払われるものであり、国家がこの契約を守らないならば市民は租税を支払う根拠を失う[19]。したがってロックは、革命権の行使による政府の変更を認めるのであり、政府が権力を「人類の最善の福祉」に反して用いる場合には抵抗権を認めるのである。ロックの租税論は、国家が市民に課す「義務としての租税」ではなく、市民が議会を通じて国家を統治するという「権利としての租税」であった。

ロックは主著『政府二論』の最後を以下のように締めくくっている。

　　　それ（筆者 ― 立法権（注16参照））は社会に戻り、人民は最高のものとして行為する権利をもち、立法権を自分たちのうちに継続させるか、あるいは、よいと信じるところにしたがって、新しい形態を創設するか、古い形態のままで新しいものの手に委ねるなりするのである[20]。

4　日本国憲法第30条の意味

（1）　大日本帝国憲法から日本国憲法へ

では、次に日本国憲法第30条「国民は、法律の定めるところにより、納税の義務を負ふ」について、なぜこのような条文が定められたのか、その意義はどこに求められるのか、これらの点について考えてみたい[21]。

日本国憲法（以下現憲法）は、手続き上は、大日本帝国憲法（以下旧憲法）の改正という形式で制定されているので、まず旧憲法の規定を確認しておこう。

旧憲法においては、第21条に「日本臣民は法律の定むるところに従い納税の義務を有す」そして第62条1項で「新たな租税を課し及税率を変更するは法律を以て之を定むへし」として、納税の義務及び租税法律主義を規定していた。明治憲法の第21条と第62条は国民と臣民の違いをのぞけば ― その違いは決定的ではあるが ― 現憲法の第30条および第84条と酷似していることが

わかるであろう。

　まず第 21 条については、いうまでもなく旧憲法と同じ「納税の義務」が現憲法にもあるとしても、国民主権のもとにある現憲法の定める義務規定は当然、天皇主権のもとでの旧憲法とは異なる義務根拠でなければならないが、そのような解釈はあまりなされてこなかった[22]。

　第 62 条は租税法律主義に関する規定であるが、また永久税主義の規定とも理解されている。永久税主義とはドイツの義務説とむすびついた考え方であり、国家の永続性にともなって税の永続性が定められるものである[23]。旧憲法はドイツ（プロイセン）憲法の影響を強く受けていることは周知のところであるが、財政学も同様であった。このような内容を有する義務説は、帝国主義化をすすめる各国の財政学の通説になっていったと言われ、島恭彦もその古典的名著『近世租税思想史』において戦前の学会におけるドイツ財政学の影響を指摘している[24]。このような永久税主義の立場では支出を所与のものとしてとらえるので、税と支出の関係は断ち切られてしまうのである[25]。付言すれば、予算を法律として扱わない現在の日本の制度のもとでは、現憲法第 84 条の規定は永久税主義の立場をとっているとも言われる[26]。

　では、なぜ、このような義務規定が現憲法の条文に掲げられることとなったのか。この問いに対する数少ない研究のひとつである三木義一・廣田直美の議論を取り上げたい[27]。

　現憲法をめぐる議論の推移を見る前に、制定に至る経緯を確認しておくことが有益である[28]。まず昭和 20（1945）年 8 月 14 日のポツダム宣言受諾後、日本政府によって独自に憲法草案の作成が進められた。この作業に取り組んだのが憲法問題調査委員会（1945 年 10 月 25 日設置、委員長の名をとり松本委員会とも呼ばれる）であった。しかし昭和 21（1946）年 2 月に当該委員会の作成した「憲法改正要綱」をみた総司令部は、その内容を日本の民主化においては不十分とみなし、あらたに総司令部草案の作成に取り掛かった。そしてこの草案を受けて、同年 3 月に憲法問題調査委員会は「三月二日案」（日本案）を総司令部に提出し、さらに修正が加えられて「憲法改正草案要綱」として議事に付された。以下では、この流れに沿って、「納税の義務」規定にかかわる

議論の推移をみていこう。

　憲法問題調査委員会では、現憲法の改正にともなって明治憲法にあった「納税の義務」を維持する案と削除する案の双方があった。これは「納税の義務」の扱いに関するだけではなく、「兵役の義務」の規定も含めた憲法における義務規定の扱いをめぐる問題でもあった。「納税の義務」の扱いに対して意見を求められた大蔵省（現財務省）主計局は「納税の義務」は旧憲法のままでよいとの見解を示したが、別の条文で租税法律主義を示すのであれば義務規定は必要なくなるとする意見もあった。

　その後も憲法の義務規定に関して意見は分かれ、兵役の義務規定をめぐって二つの案がしめされた。一方は甲案と呼ばれたもので、兵役の義務を役務に服する義務に改訂するものであり、他方で乙案と呼ばれたものは、兵役の義務が削除され、教育と労働の権利義務規定が定められていた。しかし両案ともに納税の義務に関する規定は残されており、最終的な「憲法改正要綱」でも「納税の義務」は旧憲法と同様に残された[29]。

　総司令部は義務規定の書き込みには消極的であり、英文の憲法案起草作業として出された草案には、義務に関しては、納税だけではなく教育と労働についても書かれていなかった。この草案を渡された日本政府側は、文字通りの自由放任と受け取り懸念したとされ、「三月二日案」ではあらたに義務規定を加えた。この案に対しては総司令部側から大幅な修正が求められた。しかし日本側は「納税の義務」を残したいとし、「憲法改正草案要綱」では若干の修正を加えた。

　小委員会や帝国議会等での審議において、「納税の義務」を残すか否かに関する議論においては当該規定を残すべきとする意見が強く、結局、総司令部の了解が得られたこともあり、残されることとなった。この「納税の義務」の復活については「国の基本的法制トシテ最小限度ニ必要ナリ」と説明され、「勤労の義務」、「教育の義務」と合わせて残されることとなった。

　以上の流れに関して、三木・廣田は「納税義務規定の成立過程には紆余曲折があり、政府原案には規定がなかったにもかかわらず、議会での与野党の要望が強かった。そこで、政府原案を通すために最終的に盛り込まれた、といえ

そうである」と推理している[30]。そしてその背景として以下の点を指摘している。第1に、明治憲法の改正手続きという発想から、主権の移動が念頭になかったのではないか、そして主権が国民に移動することの意味を理解していなかったのではないか。そして第2に、納税者は一方的に取られる側であり、「納税の権利」あるいは「納税者の権利」という考え自体がなかったのではないか、ということである。

　そして次のように結論している。

　　一連の義務規定は、明治憲法的発想の産物で、それが前提を異にする日本国憲法の中に紛れ込んでしまったのである。したがって国家が国民に義務を課しているような義務規定は、憲法上ほとんど議論するに値しない規定であって、戦後の憲法学もほとんど無視してきた。

　つまり「納税の義務」を含めて、国民主権のもとでの税に関する議論はまだまだ不足しているのである[31]。

（2）　日本国憲法第30条をめぐって

　以上の議論を念頭に置けば、憲法第30条の説明には、その意味からして注意が必要であろう。ともすれば「納税の義務」規定だけが独り歩きし、この条文だけで課税の根拠を説明する傾向があることは初めに指摘した。しかし憲法30条は少なくとも二つの点を確認しておくことが重要と思われる。第1は、憲法30条「国民は、法律の定めるところにより、納税の義務を負ふ」は、その前段「法律の定めるところにより」に重点があり、言い換えるならば「法律によらない課税に応じることはない」という定めであって、国民の承認していない課税に対する国民の拒否する権利を定めていると理解される。そしてこの規定を受けて憲法84条「あらたに租税を課し、又は現行の租税を変更するには、法律又は法律の定める条件によることを必要とする」が定められているとする点である。

　第2に、第30条の義務規定は必ずしも利益説的な理解を妨げないという指摘もある。三木義一は、日本国憲法の下では人権の保障を中心として、福利の

享受を国民が求めるのであって、憲法30条の規定があっても利益説を排斥するものではないとの解釈もあるとしている。

　重要なことは租税教育における義務説の説明は利益説的な発想と結びつけて説明することである。したがって国民主権のもとにある現憲法における「納税の義務」は支出と税の関係を断ち切るものではない。ここでいう義務とは、租税債務の存否に関して国民が国家に対して有する権利義務と説明される[32]。

5　租税教育の内容について

　租税を受動的に理解するのではなく、主権者として積極的、能動的にとらえるには利益説的な理解が重要であるとする理由は以上の点にある。それは、国家による財政支出の在り方と結びつけて税を理解するので、税に不満があれば、主権者として納得のいくように課税と支出の変更を求めるべきであり、そのためには政治に参加する権利の行使が求められるのである。したがって租税教育においては、財政支出に対する理解を深めていくことも重要なカリキュラム構成の要素となる。いうまでもなく個々の経費についてただ制度を解説することにとどまるのではなく、その制度が現実に果たしている役割について学び、賛否両論合わせて様々な意見の存在を知ることが重要である。

　ところで財政支出に関わってよく耳にする説明として「税はみんなのために使われている」というものがある。このように「みんなのため」を前提としてしまうと税の使途に対する思考が弱まるのではないか。そして「みんなのため」だから「税を払うのは当然」となってしまわないだろうか[33]。しかし現実には「みんな」という実態は存在していない。経済的にも様々な状況にあり、様々な価値観をもっている諸個人の存在が現実である。支出の検討の出発点は、本当に「みんなのため」かどうかを検討することにあると考える。まずは自分にとってどうなのかを考え、そして自分とは異なった価値観や社会観、そして異なった状況にある他者と議論することによって利益説を出発点として利他的な視点を学んでいくのではないか。

　もうひとつ、主権者という視点から求められる租税教育の内容として財政民

主主義の理解をあげたい。財政民主主義とは、市民革命の成果として市民が獲得し、その後も時間の経過を経て発展・確立してきた財政をコントロールする権利のことである。これには税および支出に関する議定権も含まれ、わが国も財政立憲主義によっているので、憲法をはじめとして、財政運営の在り方を定めた財政法や租税法には財政民主主義の理念が反映している。財政民主主義について考え理解することが、税を通じた権利を理解するうえで有する意義は大きい。

　財政民主主義の内容は多岐にわたるが、税と支出を一体として検討するための条件という視点からすれば、まずは政府のアカウンタビリティに注目することが有効であろう。たとえば財政はわかりやすくなければならないという「明瞭性の原則」や「公開性の原則」があるが、はたして国民に対して財政はわかりやすいだろうか、あるいはわかりやすく説明されているだろうか。税について考えるにはどのような情報が必要であろうか。財政状況が複雑化し、きわめて国民にはわかりにくい状況となっている現状に対して、財政民主主義は形骸化しているとの指摘もあり、このような状況を放置することは主権者として予算審議に参加する条件の後退を意味する。租税教育のテキストには主権者として税の使い道をみることが重要だという指摘は多いが、それを実行するためには、その判断材料が必要であり、それが前提となるのである[34]。財務省のホームページをみると毎年のように税制改正が行われていることがわかる。そこには個人所得税率の変更などのように国民生活に直接に影響するものもある。しかしこれらがどのような審議を経て改正に至ったのかを知る国民は、税理士等の専門家や研究者以外はほとんどいないであろうし、そこに主権者の声がどのように反映しているかなど想像もできないのではないか。あらためて、国民が財政について理解し、納得して税を支払うようにするための条件 ── つまりは権利を行使するための条件 ── を考えることも主権者として租税を理解するうえで重要と考える。言葉をかえれば、国民が予算審議において主人公となるための方法を検討することである。

6 小括 — これからの租税教育に向けて

では最後に以上の議論を踏まえて、これから租税教育を充実させていくためにはどのような取組が求められるのか、この点について述べて結びとしたい。

平成23（2011）年の「税制改正大綱」で租税教育の充実が掲げられたが、学校における租税教育の取組は、それほど進んでいるとは言えないのではないか[35]。以下の数値をみてわかるように、現在、最も積極的に租税教育に取り組んでいるのは日本税理士会である[36]。日本税理士会による租税教室の開催回数は年々増加し、平成30（2018）年では11,911回となっている。その内訳をみると、小学校で5,494回（開催数全体の46％、以下同様）、そして中学校3,739回（31％）、高校2,048回（17％）となっており、これらで全体の94％を占めている。これを全学校数に当てはめると、小学校総数20,095校のうち、重複の可能性を無視すれば、全体の27％にあたり、同じく、中学校（10,325校）で36％、そして高校（4,907校）で41％に相当する。

日本税理士会作成のテキスト構成をみれば、税の意義や役割の話から始まり、その使途や財政赤字問題も含めた財政全体の歳入・歳出に関する話、租税の種類、国民主権と租税法律主義について、というようにほぼ網羅的にテキストは構成されている。このような構成は小中高とも同様であり、高校になると専門的な用語の使用や日本国憲法の義務規定の指摘などの解説が加えられる。日本税理士会の講義内容において、もっとも注目するのは財政民主主義の視点から申告納税制度の理解に重点を置いていることである。申告納税制度は、源泉徴収制度と異なって自らの税負担の状況を理解するきっかけとなるものであり、税の使途に対しての意識を育むのである。このような視点を提示できるのは専門家ゆえであろう。しかしながら、想定されている講義時間は、小中学校で長くて（二コマ扱いの場合で）90分、高校でも100分に過ぎず、以上のような内容を教えるにはまったく足りないであろう。とうてい本章で取り上げたような内容までは含めることは難しい。この時間不足の問題は税理士会でも指摘されており、この程度の時間では社会人でもなかなか理解されにくい租税の意義

や役割を説明することは難しいとしている[37]。したがって、税理士等の専門家の協力を得るとしても、学校のカリキュラムの中で租税教育を位置づけることが考えられなければならないし、他の科目との連携が必須となるであろう。とりわけてもっとも重要なポイントと考えられている課税の根拠についての理解を深めるためには、近代国家の成立過程を学ぶことを抜きには難しく、まずは世界史との交流がカギとなる。佐藤・真島は「その基礎・基本の資質・能力の育成において、小・中学校での国民の経済活動に関する学習、特に『租税の本質』を考察できる歴史的分野の学習が果たすべき役割は大きい」と指摘し、すでに具体的な実践にも取り組みはじめている[38]。

　確かに租税教育に特化して利用できる時間は限られるのであるが、しかし他の社会科の内容をみれば基礎となるべき内容は学んでいるのである。ここであらためて「権利としての租税」を説明する前提となると思われるアクターに関する記述を代表的な教科書で確認してみよう[39]。

　中学公民分野から見ていこう。まず租税に最もかかわるであろう財政の分野から確認すると、ここでは財政の仕組みが取り上げられて、税の種類や累進所得税、公平性などについて説明され、支出項目としては社会保障と公共事業がおおむね取り上げられているようである。しかしほとんどの教科書において、ここでは財政の仕組みに関する説明が主眼であり、税とは何かに関する説明は現れず、税の役割から始まる[40]。しかし他の分野において、民主政治の発展に関する箇所において、今回参照した教科書7社すべてにおいてロックは取り上げられていた。また6社の教科書で立憲主義が取り上げられており、うち5社は、マグナカルタや権利請願などイギリスの歴史に触れながら説明している。次に憲法の説明において明治憲法との対比がなされており、「納税の義務」についても触れている。国会の説明のところでは4社が予算審議について説明している。財政民主主義に関わる下院優越の原則を扱っている教科書は3社に過ぎないが、かわりに説明責任と情報公開制度に関する記述、あるいは租税法律主義について触れている教科書もあった。1社ではあるが申告納税制度を取り上げている教科書もある。社会契約説も1社であるがとりあげている。そしてすべての教科書が民主主義と主権者として政治に参加すること ― 財政に

おいては予算のチェック等国民による監視 ― の重要性を論じているのである。このように確認してみると、中学生段階において学ぶ事項を用いて、本章で示したような視点から租税を考えてみることはできるのではないかと考える。教科書によってはさらに発展するような内容も含んでいる。このような学びを前提としながら、税理士等の専門家と協力していくことが重要であろう。

　高校進学率は96％に達しており、国民の多くは高校に進学するとしても、やはり義務教育の段階で高校の学習内容をにらみつつ、一つの到達が必要であると考える。あらためて小中学校の社会科全体の内容を踏まえて、教科横断的なカリキュラムも視野に入れつつ、体系的・段階的に学習を積み重ねていくような租税教育が求められるのである[41]。

　高校についても確認しておくと、現代社会8社の教科書のうちすべての教科書でイギリス市民革命期を代表するロックとホッブスが取り上げられている。政治経済の教科書でも、確認した5社すべてにおいてロックとホッブスが取り上げられている。さらに社会契約説をみると現代社会で8社中7社、政治経済では5社すべてが取り上げている。財政民主主義については政治経済で2社がとりあげている。また多くの教科書で「納税の義務」と「租税法律主義」が取り上げられている。このような教科書の記述内容をみると、高校生の段階では、現代社会や政治経済とあわせて世界史の内容も深化しているので、より租税を深く学ぶ学習を可能としていると言える。

　高校のカリキュラムでとくに注目するのは、令和4（2022）年から新たな科目として、18歳選挙権時代における市民の育成を担う「公共」の開設が予定されていることである。現時点で示されている内容構成をみると、ひとつの柱として「自立した主体としての国家・社会の形成に参画し、他者と協働するために、①政治的主体となる私たち、②経済的主体となる私たち、③法的主体となる私たち、④様々な情報の発信・受信主体となる私たち」との項目が定められている。同科目の設置をきっかけとして租税教育もこのようなカリキュラムの中に位置づけられることが期待される。

髙山　新

注

1)　代表的なものとして、佐藤滋・古市将人『租税抵抗の財政学』岩波書店、2018 年、がある。

2)　以下の投票に関するデータは総務省ホームページ「国政選挙の世代別投票率の推移について」、2019 年（http://www.soumu.go.jp/senkyo/senkyo_s/news/sonota/nendaibetu/、2019 年 12 月 9 日確認）による。一般的に参議院議員選挙のほうが衆議院議員選挙よりも投票率は低い傾向にある。

　　　ただし世界の中で見れば、これよりも低い投票率の国も存在する。また制度の違いもあって、罰則規定のある国や選挙以外の政治に参加するチャンネルが開かれている場合もあり、投票率の高低に関しては国ごとの様々な状況が反映している。

3)　内閣府『我が国と諸外国の若者の意識に関する調査』2013 年、p.28。日本の若者のうち将来に希望があると回答したものは約 61.6％であった。これに対してアメリカとスウェーデンが 90％を超え、イギリス、韓国、フランス、ドイツは 80％を超える。政治への関心度は、日本の若者のうち関心があると回答したものは 50.1％であった。対してドイツ 69.0％、韓国 61.5％、アメリカ 59.4％、イギリス 55.8％、フランス 51.8％、スウェーデン 46.4％となっている。興味深いのはスウェーデンで、意外にも低い気がするが、政治満足度の高さ故との指摘もある。

4)　このような我が国の納税者の意識に関する指摘は多くの文献で確認することができるが、ここでは日本総合研究所『租税に対する国民意識と税への理解を深める取組に関する国際比較調査・分析等委託　最終報告書』東京都主税局税制部税制調査課、2017 年、pp.6-8. を挙げておく。

5)　同じような問題意識を有する研究として、真島聖子「租税教育と国民主権」『探求』第 27 巻、愛知教育大学社会科教育学会、2016 年、所収、そして金子幹夫「高等学校における租税教育についての一考察」『経済教育』第 34 号、日本経済教育学会、がある。本稿もこれらの論考から多くを学んでいる。

6)　金子幹夫、前掲書、p.1。

7)　ここでは近年の多くの租税教育に関する論考が引用している平成 23（2011）年の税制改正大綱に示された以下の内容を租税教育の目的として用いる。「国民が租税の役割や申告納税制度の意義、納税者の権利・義務を正しく理解し、社会の構成員として、社会のあり方を主体的に考えることは、納税に対する納得感の醸成と民主国家の維持・発展にとって重要です。こうした健全な納税者意識を養うこと」を目的とする。また主権者教育の目的は文部科学省によれば以下のとおりである。「単に政治の仕組みについて必要な知識を習得させるにとどまらず、主権者として社会の中で自立し、他者と連携・協働しながら、社会を生き抜く力や地域の課題解決を社会の構成員の一人として主体的に担うことができる力を身に付けさせること」である（文部科学省ホームページより）。

8)　利益説は課税の根拠と同時に負担配分の在り方もその内容として含まれるが、ここでは課

税根拠論の側面のみ取り上げる。

9) 諸富徹によれば、時代の変化にともなって、その後のドイツ財政学を代表するロレッツ・フォン・シュタインやアドルフ・ワグナーらの国家論は共通項と差異が存在すると指摘する。租税と財政支出との関連でいえば、ヘーゲルから50年後のシュタインにおいては、租税と社会改良の視点からこの問題が論じられている。諸富徹『私たちはなぜ税金を納めるのか』新潮選書、2013年、pp.65-66、pp.76-77.

10) このような国家論の背景にはドイツの後進性と市民革命の特徴があるといわれる。ドイツの市民革命である1848年3月革命の特質については以下のとおりである。1848年2月のフランス2月革命の影響を受け、ドイツ内の各連邦国では改革を求める大衆運動が広がっていった。しかし19世紀のドイツはいぜん封建勢力が強く、市民勢力は弱かったので、その結末は、いくつかの見るべき改革はあったとしても国民主導のドイツ統一は完全に失敗したとされる（坂井榮八郎『ドイツ史10講』岩波新書、2003年、pp.132-133。）

11) 島恭彦「近世租税思想史」『島恭彦著作集第1巻』有斐閣、1982年、所収、pp.81-82。

12) 村岡健二・川北稔編著『イギリス近代史』ミネルヴァ書房、1986年、p.76。

13) 島、前掲書、p.81。この視点において、利益説の代表的論者の一人であるアダム・スミスの以下の文言はその象徴として知られるところである。「……あらゆる種類の人頭税が奴隷のバッジを示すものとされてきた。しかしながら、すべての税金は納税者にとって、奴隷のバッジではなく、自由のバッジである」(Smith, Adam.The Nature and Causes of the Wealth of Nations, Charles E.Tuttle Company, 1974, p.808. 邦訳：アダム・スミス『国富論（下）』山岡洋一訳、日本経済新聞社、2007年、p.448。)。

14) 鵜飼信成は、アメリカ独立宣言ではロックの「所有権」を「幸福追求権」におきかえられたことを指摘し、それが日本国憲法第13条に取り入れられていると指摘している。（ロック『市民政府論』鵜飼信成訳、岩波文庫、1968年の訳者解題、p.249。）日本国憲法第13条は以下のとおり。「すべての国民は、個人として尊重される。生命、自由及び幸福追求権に対する国民の権利については、公共の福祉に反しない限り、立法その他の国政の上で、最大の尊重を必要とする」。

15) ロックのこのような理解に対して、ロック以前の代表的な思想家であるトマス・ホッブス（1588-1679）は「万人の闘争」を自然状態においたことは周知のとおりである。両者の違いはその時代背景に起因すると言われている。ただしロックはホッブスの議論を全面的に否定しているわけではない。なおここで提示される自然状態とは歴史的な事実ではなく、論理上の前提である。

16) 浜林正夫『ロック』研究社出版、1996年、p.156。浜林はロックの用語を以下のように整理している。「バラバラの個人が契約によって結合したのが共同体あるいは社会であり、それが立法権を設定したときに国家となり、その立法権がどこにおかれるかによって、統治の諸形態が決まる」（同前、p.168）。

17)　ロックの三権分立における連合とは、外交を指す。したがって行政が内政であり、外交は外政となるので、ロックにおいては三権ではなく二権分立と説明されることもある。またロックのプロパティ概念は単なる財産ではなく広い内容を指すと言われる。下川潔「ジョン・ロックのプロパティ概念」日本イギリス哲学会編『イギリス哲学研究』第15巻、1992年、所収、を参照されたい。

18)　浜林正夫は、ロックの所有権論には経済的な意味だけではなく、政治的な意味も含まれていると指摘する。なおロックはこの所有権には限界があるとしている（浜林、前掲書、pp.161-162。）

19)　諸富徹は、「対価としての租税」という考え方はむしろ歴史貫通的なものであって、ロックの思想の意義は王ではなく市民を国家の担い手とした点にあるとしている。（諸富、前掲書、p.26。）

20)　Locke, John.Two Treatises of Government, EverymanLibrary, London, 1906（邦訳：ロック、前掲書、p.244。）ロックが本書を著した目的のひとつは、聖書を根拠に王権神授説を説いたロバート・フィルマー（1604-1647）に対する批判であった。

21)　日本国憲法における租税関連の条文としては、周知のとおり第30条の他に第84条「あらたに租税を課し、又は現行の租税を変更するには、法律又は法律の定める条件によることを必要とする」がある。

22)　三木義一「納税の義務」杉原泰雄編著『憲法学の基礎概念Ⅱ』勁草書房、1983年、所収、p.342。

23)　同前、p.331. 明治憲法においては、租税法律主義に関しても多くの例外事項が存在し、形骸化していたと言われる。

24)　島、前掲書、p.8。

25)　三木、前掲書、p.339。

26)　神野直彦『財政学』有斐閣、p.78。

27)　三木義一・廣田直美「『納税の義務』の成立過程とその問題点」『税理』2014年、所収。

28)　日本国憲法の制定過程については、古関彰一『日本国憲法の誕生増補改訂版』岩波現代文庫、2017年、を参照した。

29)　三木・廣田、前掲書、p.80. 古関彰一はこれらの案に対して、いずれも明治憲法を基本としており、その修正に過ぎないと評している（古関、前掲書、p.90。）

30)　三木・廣田、前掲書、p.86。

31)　同前、p.87。

32)　三木、前掲書、pp.341-342。

33)　例えば日本税理士会連合『2018租税教育講義用テキスト』p.28。ここでは以下のように述べている。「税は、国民みんなが『豊かな生活のために』『健康に生きるために』『文化的に暮らせるように』『安心して暮らせるように』使われています」「一言で言うと、税は、み

んなのためのものなのです」。ただ実際には税がどう使われているかはよく知らないのが実態であろう。租税の根拠として時に目にする「会費説」も個人を集団に埋没させており、同様の問題点が指摘できよう。

34) 真島聖子、前掲書、では、中学校社会科公民分野の記述の分析を行っているが、租税の使い道についての記述は取り上げた出版社 7 社中 3 社であることを指摘したのち、これらが予算審議や歳出の状況について注目を促しており、納税者主権を育もうとしていると指摘している。

35) 筆者が所属するコースの 1・2 年生約 100 人に行ったアンケートでは義務説で理解している学生は 1 割にも満たず、むしろ租税について学んだ記憶がほとんどないというのが実態であった。

36) 日本税理士連合会、前掲書、8 頁。

37) 東京税理士会『租税教育の実施手引き』2012 年、p.4。

38) 佐藤央隆・真島聖子「中学校社会科歴史学習で求められる租税教育」『探求』第 28 巻、愛知教育大学社会科教育学会、2017 年、所収、p.19。

39) 参照した教科書は以下のとおりである。中学公民については、東京書籍、清水書院、教育出版、自由社、育鵬社である。現代社会については、実教出版、教育出版、清水書院、山川出版、第一学習社、教研出版、帝国書院、東京書籍、そして政治経済については、実教出版、第一学習社、数研出版、清水書院、山川出版である。

40) 財政の項目の内容については学習指導要領との関係を見る必要があるが、これは次回以降の課題としたい。

41) 三木義一も何よりも小中学校での主権者としての自覚を生む租税教育が重要である旨の発言をしている（三木義一『日本の納税者』岩波書店、2015 年、p.61。）

この章を深めるために

・島恭彦「近世租税思想史」『島恭彦著作集第 1 巻』有斐閣、1982 年。

・諸富徹『なぜ税金を払うのか』新潮選書、2013 年。
　　以上の 2 冊は租税思想史を学ぶ上での必読文献であり、本章も、以下の三木義一と合わせて多くを学んでいる。前者はこの分野における研究の画期となった古典的名著であり、後者は、市民革命期から現代にいたるまでの租税思想及び租税の社会的役割について平易に語られている。

・三木義一『日本の納税者』岩波新書、2015 年。
　　租税法学の視点から租税についてわかりやすく解説している。

・植田和弘・諸富徹編著『テキストブック現代財政学』有斐閣ブックス、2016 年。
　　財政全般に関わる教科書であるが、本書は、財政民主主義、予算制度、租税について、歴史的視点を重視して説明している点に特徴がある。

第10章　大学が学校の教育実践から学べること

1　本章の概要

本章では、まず大学での経済教育の実際はどのようになっているかを示す。

① 経済教育がさほど活発でない原因を日本の大学制度の成り立ちから説明した後、大学・短大で生じている、学力の低下に対する、大学教員の切実な悩みの実際の声から明らかにしたい。

② この原因を経済学の固有の性格・教員の対応の問題・学生のあきらめの問題の3点を深めてみる。

③ 学校の教育現場での実践から役に立つ点は多い。これについて、実例をあげて説明する。

④ ところが、教育の現場は大学と学校で異なる点がある。その違いからの問題を取り上げていく。大学ならではの経済教育の実践例を紹介する。

⑤ 筆者が大学の現場で実践した内容の一部を紹介する。

・大学一年生を対象にした、大講義での実践の心得は何か。

・戦後日本の景気変動を株価の変動と関連づけて、調査した実践では、株式市場が盛んになってきた状況と株価の変動が規則的に変動していることを学生たちと発見していく様子を述べた。

これらによって、大学での経済教育が活発になることを期したい。

2　日本の大学教員と学生の特徴

　大学の教員と小中高の学校教員の違いはどこにあるだろうか。大学の教育では検定による教科書はなく教材は教員が自由に選択したり作成したりすることができる。さらに、日本では旧制帝大原理が影響し、学生は自ら学習するものという暗黙の位置づけがなお潜在している。このことから日本の大学の教員は教育への関心の弱さや教育の仕事を軽視することになっている。他方、専門学校での教育の多くは資格の取得を目指しているため、教育には熱心である（これも検定によるものではなく、学校等によって教科書は指定されている）。つまり、大学では、研究や教育の自由度が高い。それが研究中心の優れた大学では主に長所となって現れるが、学習意欲が低い大学ではこの自由度は存在意味をなさないようになってきている。大学と学生は数を増加させてきた。もはや戦前とも戦後の状況とも異なるマス化した状況にある。

図表 10-1　大学数一覧（近年の変化）

1955 年　228 校　（国立　72　公立　34　私立　122）
2017 年　771 校　（国立　80　公立　91　私立　600）
2017 年の　大学教員数　　184,248 人 　　　　　　（　国立 64,771　　　公立 13,294　　　私立 106,183） 　　　大学生数　　2,504,885 人 　　　　　　（　国立 1,011,908　　公立 110,047　　私立 1,935,122） 　　　短期大学生数　128,460 人

資料：『学校基本調査報告書（平成 28 年度版）』文部科学省　筆者作成

　大学や短大の学生の側にとっては、大学は高校の単なる延長でしかなく、勉強意欲の低い学生にとっては不親切な対応をされる授業の場は苦痛でしかない。今日 4 年制大学の約 40％、短期大学の約 90％で定員割を生じており、単位を得るためだけに、卒業までの時間を無為に費やすことになっている。特に、経済教育は教えたいが、教えるべき内容の中心に抽象度の高い経済理論が

位置しているために、問題はより顕著に現れる。理論と現実の距離を感じながら、状況に合わせた授業の準備をすべきである。しかし、レベルの高い勉強や研究に意欲的に向かう学生たちは難関の国公私立大学にかなりいることはいるのだが。

　ところが、アメリカの大学では、学派に関係なく経済教育には随分力が入れられている。経済科が社会科とは別にあることや経済用語が日常用語であることも影響している。ノーベル賞学者の学会での報告も大変わかりやすく、ユーモアも交えている。明治の初期以来、経済分野が輸入学問として成立してきた傾向も続いていると考えられる。

　かつて、筆者は自分のホームページで「大学教員のためのカウンセリングルーム」を開設したが、そこへ投じられた大学教員の声をありのままに取り上げてみよう。

- 学生が私語ばかりしている、授業のやり方のことで学生に責められる、簡単なはずのテストができていない、ゼミ生が集まらない、学生たちと会話ができない、大学の教員として将来が不安だ、生きがいがない。
- 教育の内容よりも授業のテクニックが知りたい。身につけたい。…学習意欲の低い大学の教員ほど悩みが深い。
- 学生は教員が消化しやすいように噛み砕いたものばかり求めて困る。
- このごろの学生は考えることをしない。コピー・ペイストを勉強と勘違いしている。
- 授業の準備に時間をさくと研究がおろそかになる。
- 出席のよい学生が必ずしも成績がよくないのが気になる。
- 学生に「もっと大きい声で授業をして」と言われても声が出ない。
- 研究で著名な教員の方が学生に人気がある。…難関の国公私立の理系の教員から
- 実験のおもしろい授業に人気が集まっている…理系の実験やゼミ
- 授業に自信がない。学生の詰問や文句のために授業が嫌になる。
- 教育に熱心になっても教員仲間から評価されない。嫌われることもある。プロモートは事実上研究ばかりが重視される

・自分のゼミに優れた学生が集まらない。単位が楽勝でとれるゼミに流れていく。

・せっかく育てたゼミの学生が他の大学院に進学してしまう。進学してほしいのに、企業に取られる（就職してしまう）。

・教育上の悩みを相談できる同僚がいない

・留学生はアルバイトに追われて、勉強しない。暗記が勉強だと思っている。

・学生は何に対しても、意欲がない。…英語の先生に多い。

・パソコンが苦手でパワーポイントなどで教材が作れない。

・教員組織の問題・教員個人の問題・学生の問題・社会の問題などさまざま。

3 大学の授業の積極的な実態分析の必要

では、こうした状況はなぜ生じるのだろうか。大学の教員は研究と教育の両方をしなければならい。しかし、よほどの非常識な行動がない限り免職にはならない。そして、自分の授業にはほとんど制約というものがない。ましてや、教育の方法や教育技術については、学校教員も就職すれば一人前に扱われるが、大学教員も大学院時代にほとんど教育の訓練を受けないままで就職する。教育を軽んじる風潮の中では「教育」と名の付く学会で発表の経験でもあれば、評価されると思われている。教員と学生の事情から考えてみよう。

学問の状況

特に、医学・薬学・法学では資格試験が学部卒で重要な意味を持つ。そのために、学派間の内容的な対立はさほどではない。経済学の場合は日本では、アメリカと異なり「エコノミスト」の資格試験もほとんどなく、イデオロギー対立が前面に出てくるため、教育内容は個々の担当教員に任されている。つまり、日本の経済学は極めて多様になっている。例えば、近代理論の場合はコスト感覚が底流し、効用価値説から景気変動論まで、効率性の観点が貫かれている。マルクス学派の場合は資本制の矛盾を突くことが本能的になされる。中学や高校での経済教育はこの多様性を反映して、アメリカの学校教育での経済の

教科書とは異なり、売上や利益といった用語が小学校の社会科でやっと出て
くるかという状態である。その上、大学受験では経済分野は暗記科目と見なさ
れ、勉強を深めようという意欲は高められることが少ないまま、大学へ入学し
てくる。特に、ソ連崩壊以後はマルクス経済学の志望学生は減少し、優秀な学
生は近代理論に向かっている。高度な数学を使った研究に魅了される学生・院
生も多い。

大学教員の授業についての意見

・砕きすぎた内容では、大学と言えないのではないか。難しいことを理解して
　いくことこそが勉強ではないのか。つまり、大学の授業は現実との距離が
　あって当然ではないのか。
・自分の授業に干渉されることは認めない傾向が強い。
・しかし、それにしては授業の準備（特に、教材の吟味）をしていない印象も
　ある。

学生のあきらめ

・授業の内容が理解できるのは全体の3分の1程度。難しい。
・社会へ出て、すぐに役立つとは思えない話が多い。
・どうせ、教員と学生の心は通じないほどの心の距離があるのではないか。
・一人でゼミを選択するのは心配だ。友達と群れて動くのが安全だ。
・大学入試で勉強は終わったと思っている。
・自分自身にも、社会にも批判的な考えを持ちたくない。
　こうした状況に教員はどのように対応すべきなのだろうか。
　自分のメッセージが伝わらなくても平気という人は少ない。それに対しては
次のような対応が考えられる。まずは、こちらから心を開くことが大切。そし
て、メッセージが伝わらない状況は無視すべきではないのではないか。
　さらに、学生のニーズはどこにあるかを考えてみる。こちらの親切な姿勢は
必ず理解を得られる。
　学生の知的状況や生活体験の状況にふさわしい教材を準備する。大きい字・

身近でトピカルな話・聞こえる声・ビジュアルな画像など技術的で内容的ではないことにも学生は敏感で、多くの教員は学生のつまらないわがままと捉えがちだが、対処すべき。話術（public speaking）はメッセージを伝えたい気持があれば、誰でも上達する。

　教員仲間での打ち合わせ（橋本メソッドはその典型例）ができればすばらしい（大学の教員間の壁は高いから）。

　スーパーマンのような１人だけうまい授業の人を求めるのはよくない。これなら誰でも実践したくなるような授業の改革が必要になる。

　個々の授業をどう変えていくか（変えたか）を学生にアナウンスする。できれば、学部でチェックする。学内外の教育力のある教員の経験を今後に生かす。

　また、OL（特色ある大学教育支援プログラム）の獲得など教育に力を入れている大学だという、世間の評価を得ることも大切

4　学校教育の実践から学べること

　大学の教員は研究も教育もする必要がある…教育は軽視されがちだが、現在は違う。

① 教師の資質の差について…向山洋一「プロとアマの差はどうしょうもないほど歴然とした差がある」と指摘しているが、よい実践を参考にすべき。完璧を目指すばかりの真面目さのために悩む大学教員もマインドの問題は根本にある。　授業のうまい教師の特徴は生徒を励ます、やる気にさせる。

　　見えない潜在能力は児童・生徒・学生の日常で時々見いだすことができる。…例えば、岸本裕史の一連の著作

② 方法（手だて）で役立ちそうなことは

・授業開始10分程度の毎時の小テスト…基礎学力の錬磨（岸本裕史）や開明高校の実践

・日常のでき事から教材を作る…河原和之

・発問や指示、資料の活用、板書、話術、「はてな帳」の実践（好奇心を育てて、追究する面白さを体得させる。進歩した点を具体的にほめる。生

徒が喜ぶ一言を使う。そして、笑いのある授業「鉄板ネタ」を用意する。

教材の吟味・研究「材料七分に腕三分」…有田和正

・大学での教育で成果を上げている例

三人一組のチームを作り、テーマについて討論し発表する（講義型授業でのアクティブラーニング）。さらに、政策問題などでは賛否両論のチームに分けての討論型を作る。また、トピカルな話題でゲストをまねく…橋本メソッド。

③　教師の姿勢を正す

見た印象が楽しそう。親しみやすそうというのは実はきわめて大切である。授業を受ける側は、最初に教員を見て印象を植え付ける。外見や話し方、人間性等。この点では、大学の教員の一般的な傾向は「何かわからないが、偉そうな振るまい」がある。

また、学校現場から学ぶべきことは、授業の準備や発問、学ぶ意欲を刺激する様々な工夫である。

同僚や先輩との相談の必要、公開授業から逃げない。積極的にアドバイスを聞けるのがよい。…教師間の人間関係が効く。アドバイスがどのように役立つかは様々。そして、大学の教員は教育準備に時間をさくべきだ。

④　高校までの教育の問題もある。

特に、経済分野ではすべての経済学に共通する「GDPとは何か」について、売上（収入）と利益（所得）の区別がつかないなど初歩的な理解がまったく不十分なままに大学へ進学している。これは、学校の社会科の教員の多くが歴史や地理を学んだ人が多数ということも影響していると思われる。

5　学校の教育実践との違い

大学の授業では、どのような内容の教材をどのように使って、どのように教えるかは教員の裁量に任されている。教科書も文部科学省の検定済のようなものはない。これは大学が研究中心で、その研究の内容を基礎に、学部の教養教育・専門教育・大学院の専門研究と学生や院生に合わせての対応は教員がしな

ければならない。いわば教育よりも研究が中心になっている組織なのである。したがって、教育実践の交流のようなものもきわめて少ないし、あっても形式的に過ぎている。つまり、いかに高度な研究内容に学生や院生がなじみ、成長していけるかが基本なのである。

また、文系・理系を問わず、高校での学習内容と大学のそれでは大きな格差があってしかるべきということもある。つまり、数学や物理学も経済学も研究的なレベルになっていくように学生たちを育てていく必要がある。

しかし、高等教育の進学率が高まってきた中で、学習意欲の低い学生が増えてきている問題があり、これへの対処として、きわめて入門的な勉強のメニューを用意することも求められている。

6　筆者の経験から（ゼミナールで、大講義で）

以下の実践報告は毎年の反省と改良を繰り返してきたものである。

（1）　経済教養を広げ深める、大講義での実践の手だて（技術）

学生との対話をどのように進めてきたかを説明する。特に、大講義での授業は私語もあり、教室全体をまとめて、勉強の関心を高めることはだれにとっても難しいことである。以下の実践経験から、大講義を楽しいものにしていった。

昔も今も…（学生が答えたくなるような）問いかけや発問を用意しておいたり、とっさにやってみることは欠かせないが、ほとんどの日本の大学の教員はそのようなことを用意していない。簡単にできることからはじめて自信をもたせていく。教材の準備をしてみる。こちらの熱心な姿勢は必ず学生たちの親近感や理解を得られる。

・出席カードの裏に質問や意見を書かせて、次回の授業で答える。多くは誉めつつ解説する。これは後に、電子メールや掲示板の上でのやりとりに変えた。次回の授業で時間を使って丁寧に答える。学生の理解は深まってよいのだが、期間中に多くの内容を消化できないという難点がある。

・対立する学派の人を呼んでの授業。これは論点をはっきりさせる上で効

果的である。扱ったテーマは「円高と円安、どちらがいい？」「国際分業の徹底と過去のままの在り方と、どちらがいい？」「公務員の仕事とサラリーマンの仕事、どちらがいい？」「短時間に集中した仕事とゆっくり長い時間の仕事と、どちらがいい？」「ケインズ的な（予算規模の）大きい政府と（マネタリストのような）小さい政府と、どちらがいい？」

・ゲスト・スピーカーへの質問の仕掛け。これは、進行係であるその授業の担当者がただの司会者ではなく、ゲストに問いかけたり、学生からの質問を掘り起こしたりして進める授業である。

・大講義（200～300人）では、学生（特にゼミ生や先輩の大学院生）に前に出てもらい話したり、答えたり、問題を解いたりさせる。また、それ以外の学生も出てきて答えるようにする。これは同年代という親近感があるため効果的。

・こちらから心を開くことが大切。まずは、メッセージが伝わらないのはよくないと考えるべき。そして、学生のニーズはどこにあるかを考えてみる。それにふさわしい、教材を準備する。

・大きい字や身近でトピカルな話、聞こえる声・ビジュアルな画像など技術的なことにも学生は敏感（筆者の場合は株価などの経済データを音に変えて説明）。ただ、こちらの準備が整いすぎると、学生たちは観客の立場になってしまうから注意が必要だ。

・話術（public speaking）はメッセージを伝えたい気持があればだれでもそれなりに上達する。自分の使う言葉やこれらの大学での大講義での心得は、どうすれば教員のメッセージが学生に伝わるか、どこでパイプが詰まっているかに敏感であれば、誰にもできることと思われる。授業が分かりやすければ、学生は必ず反応する。そして、次のステップへ進んでいける。教員と学生の好循環が回転していけば、学生は成長していく。

（2）　**研究に向かう意欲を持たせる実践**── 本書の学校教育の実践との関連で ──
　　現代の経済問題を分析する視点から、現実の経済データを集め、それをシミュレーションする実践（主に、大阪教育大学と関西大学総合情報学部）。こ

の点での経験を紹介しておく。

① アメリカの学校では、中学校や高校で株式市場についての学習があり、実際の株式の売買の実践も珍しいことではない。資本主義を純粋培養して発展してきた、アメリカならではのことである。

　この株式については、学生の間に様々な誤解や知識不足が目立つ。これは「出席カード」の裏面に「株式とはどんなことと思うか」についての学生たちの意見である。

　　「株式市場に上場すれば、たくさんの資金を調達できるのになぜそうしないのですか？」

　　　答：日本の企業数は 385 万。内、個人営業の企業は 198 万企業です。この 2 年間だけでも 25 万社が減っています。アメリカでは増え続けています。

　　「なぜアメリカでは、企業は増えているのですか？」

　　　答：学校には社会科の他に経済科があります。そこでは、起業家教育が盛んで、11 歳から 29 歳の若者の 3 分の 2 が将来、自分で起業したいと考えています。日本は大企業志向が強いですが…。

　　「株式を買うと、その払ったお金はその会社に入るのですか？」

　　　答：新株の発行や増資の場合以外は入らない。

　　「買う人が多ければ株価は上がるのですか？」

　　「その企業の利益が高いほどその株価は上がるのですか？」

　　　答：発行株数が多い安定株の場合は大きな変化は少ない。

　　　　株価は投資家の心理に安定感を与えるか不安定感を与えるか、さまざまな要因で変動する。その企業や関係業界の状況・新製品の開発・日本の政局・アメリカの動向・金利・為替レート・戦争等。

　　「株のグラフから見ると、安い時に買って、高い時に売れば、損などないのですか？」

　　　答：株価のグラフは事後的に描かれたもので、実際には、どこが天井でどこが底値かはわからない。

「株価はだれかが操作して儲けているのですか？」

　　答：意図的に株価に影響を与える、仕手集団がいましたが、どの国
　　　　でも法的に禁止されています。

「株価の動きは景気の動きに遅れて現れるのですか？」

　　答：証券会社や株式投資家には多くの情報や希少な情報が集まりま
　　　　す。したがって、景気に先行します。

「みんなが同じ予測をすれば、株価はどうなるのですか？」

　　答：皆と同じなら、うま味がないので、利益は上がりません。

「政界の安定性や不安定性がなぜ株価の動きに反映するのですか？」

　　答：資本主義の国で政治が安定していなければ、投資家は株式を売っ
　　　　てしまおうと考えます。

「株では、誰かが儲ければ、誰かが損しているのですか？」

　　答：違います。いくらの値段で買い、いくらの値段で売ったのかは
　　　　人によって異なりますから。

②　日経平均株価の変動は、縦軸に平均株価を横軸にその売買株数を取った場
合、時計回りとは逆の方向に回転していくことを実際に試させる。随所に逆
ウォッチ曲線（時計とは逆回りの曲線）が出ていることを確認させる。つま
り、平均株価は際限なく上下に変動するのではなく、経済や景気の状態に応
じて曲線の大きさや形を変えながら動いていることを知る。ここから、次に
いつどんな経済問題が生じていたかを図中に記入させた。

　実は、日経平均株価と売買株数を両軸にとって、戦後の経済的事件を記
入していく計画で、コンピュータ室での授業を始めたが、この図の中に時計
と逆回りの小さい曲線（多くは曲線が閉じていないもので戦後直後）や縦長
の大きな曲線（バブルの形成とその崩壊の時期）、右へ張り出していく時期
（平成不況の期間）が見て取れることを発見した。これは自己相似性という
理系世界では近年よく発見されている現象である。これは同じ形のもの（こ
こでは、時計と逆回りの曲線）が大小さまざまに繰り返し現れる現象のこと
をいう。授業実践の中でのこうした発見は、研究と教育の両方を仕事とする
大学の教員には有り難い経験だった。この成果は筆者のホームページで公開

した。

　複雑な変動をするものを考えてみることを止めてしまわないで、むしろありきたりの知識では分析できない現象の方が多いことを知って、複雑な動きの中で、何か規則的な形を残していないかを発見していくことは、勉強とは"覚えること"という（覚えることはまた大切なことだが）、学生たちにしみこんだ常識を覆し、頭を新鮮にする効果があった。いろいろな関心あるデータをコンピュータで分析してみよう、その結果について考えてみようという意欲を持たせることを狙った。それは卒業論文にまとめさせた。

　この授業では、コンピュータから逃げない現代の学生たちの姿勢にこちらが救われたことも付け加えておきたい。そして、大講義よりも、のびのびしていた。

図表 10-2　日本の株価と売買株数（年足）　1950 年‒2019 年

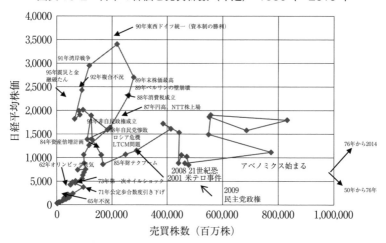

7　小　　括

　以上は何かの参考になればありがたいと思う。授業のヒントは教員仲間での実践の発表もあるが、教室などの日常の現場から思いがけないヒントが得られることも多い。筆者も昔はカセットレコーダー、後にはビデオカメラを抱えて、いろいろな大学や学校の授業を見学した。ここから学んだことは多かった。

　筆者は大学院生時代には、高校の非常勤講師を、教育実習では小学校の実習も経験し、学生の実習も指導した。どんな教員にも、得手不得手はある。教育の世界では何か魔法のような方法があるわけではない。しかし、いろいろな教育実践を見聞し、それを録音したり、録画し、その実践者と意見交換をしてどこが授業のうまさなのか（内容的に、技術的に）、どんな工夫をしているかを継続的に研究してきた。この分野を専門にもしてきた。教員によって得手不得手はあるが、授業やゼミを熱心に行えば、その教員なりに必ず改善し向上すると確信している。また、研究と教育が深く関連した成果も出てくれば、それは何よりの成果だと思う。

岩田年浩

注
1)　岩田年浩『経済学教育論の研究』関西大学出版部、平成9年
2)　岩田年浩『科学が明らかにした投資変動の予測力』学文社、平成14年
3)　岩田年浩『学長奮闘記』東信堂、平成29年

第11章　**日韓の経済教育に関するカリキュラム・
マネジメントからの比較考察**
― 経済概念学習の系統性と金融教育を中心に ―

1　本章の概要

　日本と韓国の経済教育は、市場経済と民主主義という共通の普遍的価値観を
基底に有しているが、国が違えば当然、その体系や系統性および内容は異なる。
「鏡がなければ自分の顔を見られない」ように、他国を知ることによって、実
は自国の姿を見ることができる。その意味で比較研究は学術的に重要である。
平成29年改訂の中学校学習指導要領「社会」において、いわゆる見方・考え
方として新たに提示され、また継続して強調されている経済概念と金融教育に
ついて、韓国を「鏡」にしつつ、焦点を当てて考察する。

2　問題の所在

　学校教育において何をどこまで教えるかは、どのように教えるかと共に、い
かなる教科・科目においても、最も重要でかつシンプルな究極の課題である。
このことは言い換えれば、学校級別、学年（群）別の「接続」ないし「一貫性」
と指摘される系統性をどのように考え、捉えるべきかという問題でもある[1]。
経済教育においても例外ではない。

　中央教育審議会の下部組織である、初等中等教育分科会の教育課程部会に属
する社会・地理歴史・公民専門部会では、「経済教育の一貫性について、小学
校では経済教育の位置付けが明確にされていない。中学校の公民的分野でミク
ロな観点での記載が現行学習指導要領ではされている。高校の『現代社会』で
は曖昧な取り扱いとなっているため、中学校との一貫性がもっと取れればよ

い。『政治経済』ではマクロな観点で記載されているが、小学校段階からマクロ的なことをやり、中学校ではもっと深めていくほうがよい」という意見が出されている[2)]。

　内閣府経済社会総合研究所が財団法人日本経済教育センターに委託した「経済教育プロジェクト調査」である、『経済教育に関する研究会中間報告書』（平成17年）においても、「経済教育の体系作り」「経済教育で何を教えるべきか」に関して、節を設け、考察がされている。ここでは「必要とされるのは、経済の基本的な原理や概念について学習した上で、それを援用して経済制度や経済現象について理解し考察することである」とし、「希少性、機会費用、トレードオフ、経済的な選択、意思決定などの経済概念を踏まえた合理的な意思決定能力を育成する必要がある」と述べている。

　従来、日本では経済教育の系統性について、米国の研究が着目されており、多くの論文が著されている[3)]。しかし、隣国韓国のそれについて考察された研究はほとんどない。

　本章では先述の部会での意見、報告書での指摘を念頭に置いて、韓国の経済教育の系統性について、希少性、機会費用、合理的選択という経済概念に焦点を当て、分析し論じる。併せて、日本でも近年とりわけ重要性が指摘されている、金融教育の内容についても、中学校社会科の教科書を取り上げ、考察を行う。

　これらの作業から得られる、日韓の経済教育の系統性と金融教育の内容に関する国際比較を通じて、学問的示唆点を抽出することに本章の目的がある。

3　韓国の経済教育の系統性─希少性、機会費用、合理的選択から

（1）経済教育全体の系統性

　図表11-1は韓国の2015改訂社会科教育課程における経済領域の内容体系を示している。この図表から経済教育の系統性に着目して抽出できる特徴は、次の通りである。①学校級別では小学校から経済教育が始まり、小・中学校の義務教育課程は4つの領域、すなわち「経済生活と選択」「市場と資源分配」「国民経済」[4)]「世界経済」という同じ一貫した体系を持って、系統性が担保され

図表 11-1　韓国 2015 改訂社会科教育課程における経済領域の内容体系

学校級		領域		内容要素
小学校	3～4学年	経済生活と選択	（日本） ・地域に見られる生産や販売の仕事	・希少性 ・生産 ・消費 ・市場
	5～6学年	経済生活と選択	・我が国の農業や水産業における食糧生産	・家計 ・企業 ・合理的選択
		市場と資源分配	・我が国の工業生産 ・我が国の情報と産業の関わり	・自由競争 ・経済正義
		国民経済	・我が国の国土の自然環境と国民生活との関連	・経済成長 ・経済安定
		世界経済		・国家間競争 ・相互依存性
中学校	1～3学年	経済生活と選択	（地理的分野） ・資源エネルギーと産業 ・産業を中核とした考察の仕方	・希少性 ・経済体制 ・企業の役割 ・資産管理 ・信用管理
		市場と資源分配	（公民的分野） 私たちと経済 ・市場の働きと経済 ・国民の生活と政府の役割	・市場 ・需要法則 ・供給法則 ・市場価格
		国民経済		・国内総生産 ・物価 ・産業
		世界経済		・国際取引 ・為替レート
統合社会1学年		市場経済と金融	（現代社会） 現代の政治・経済と人間 ・地域社会の変化と住民の生活 ・国民福祉と政府の経済活動	・合理的選択 ・国際分業 ・金融設計
		経済生活と経済問題		・希少性、合理的選択 ・費用と便益、経済的誘因 ・市場経済体制の特徴 ・家計、企業、政府の経済活動

高等学校	経済	市場と経済活動	（政治・経済） 現代の経済と国民生活 ・経済社会の変容と経済体制	・需要、供給 ・労働市場、金融市場 ・市場均衡 ・資源配分の効率性、剰余 ・市場の失敗、政府介入、政府の失敗
		国家と経済活動	・現代経済の仕組み ・現代経済と福祉の向上 ・国民経済と国際経済	・経済成長、韓国経済の変化 ・国民経済の循環、国内総生産 ・失業、インフレーション ・総需要と総供給 ・財政政策、通貨政策
		世界市場と貿易		・貿易の原理 ・貿易政策 ・為替市場、為替レート ・国際収支
		経済生活と金融		・収入、支出、信用、貯蓄、投資 ・資産と負債の管理 ・財務計画の樹立

出所：崔鍾珉（2018）pp.35-36、中学校学習指導要領（平成29年告示）解説『社会編』
　　　p.184 より作成。

ている。日本の場合は、小学校では産業学習、中学校から経済学習という編成
になっている。韓国の経済教育は米国の影響を色濃く受けており、それがカリ
キュラムの体系と系統性に反映されている[5]。②高校でも選択科目の「経済」
では金融が重視され、「経済生活と金融」という1領域が追加されているが、上
述の4つの領域は名称が変わったものの、小・中学校からの系統性が引き継が
れている。2015改訂教育課程で創設された必修科目の「統合社会」では、「市
場経済と金融」という名称で経済領域が組み込まれている。

（2）　希少性、機会費用、合理的選択の系統性

　周知の通り、日本でも平成29年改訂の中学校学習指導要領「社会」解説編
（以下、2017解説）において、「希少性」という経済概念が「交換と分業」と
ともに初めて取り上げられ、経済的な見方・考え方の教授を指導している。そ
の内容を示したのが、図表11-2である。まず、希少性に関する定義がなされ
（①）、希少性のゆえに選択が生じ、その選択に関して論じている（②）。

　後に見るように、①に関しては韓国でも同様である。しかし、そのことを最初に学ぶ学校級は中学校ではなく、小学校であり、4学年の学習内容として位置づけられている。

　②の選択については、韓国では「価格を考慮しつつ」に加えて、選択を合理的選択という経済概念でもって系統的に学ぶようにしている[6]。そして、経済主体（家計（個人）、企業、政府）が合理的選択を行えば、各経済活動において効率が実現することを学ばせている。効率に関して、③の価格メカニズムという予定調和的な達成と共に、経済主体の合理的選択による達成が述べられている。

　韓国の小・中・高の社会科教科書に見られる「希少性」「機会費用」「合理的選択」の記述内容を整理したのが、図表11-3である。これら経済概念の用語について、学校級別にゴチックで記述されている教科書の文章部分を抜き出している。引用の文章箇所も部分的にならざるを得ないし、教科書もある特定の教科書1冊に限定しているという制約はあるが、一定の傾向は読み取れよう。

図表11-2　「希少性」に関わる 2017 解説の記述部分

B　私たちと経済
(1)　市場の働きと経済 　個人や企業の経済活動が様々な条件の中での選択を通して行われていること… を取り上げること（内容の取扱い）とは、以下のように捉えることができる。一般に、①人間の欲求は多様で無限に近いものであるのに対し、財やサービスを生み出すための資源は有限であり、生み出される財やサービスもまた有限である。つまり、地球上に存在するほぼ全てのものは「希少性」があるといえるのである。そこで、所得、時間、土地、情報など限られた条件の下において、価格を考慮しつつ選択を行うという経済活動がなされるのである。したがってここでは、②市場経済において個々人や企業は価格を考慮しつつ、何をどれだけ生産・消費するか選択すること、また、③価格には、何をどれだけ生産・消費するかに関わって、人的・物的資源を効率よく配分する働きがあることなど、市場経済の基本的な考え方を、具体的事例を取り上げて理解できるようにすることを意味している。なお、④市場経済においてこれらの選択を行うに当たっては、あるものをより多く生産・消費するときには、他のものを少なく生産・消費しなければならないことがあることを理解できるようにすることが必要である。

注：番号、ゴチックは筆者によって再構成した。
出所：中学校学習指導要領（平成 29 年告示）解説『社会編』p.144

図表 11-3 韓国の小・中・高の社会科教科書に見られる「希少性」「機会費用」「合理的選択」の記述内容

1. 希少性
(1) 小学校国定教科書『社会 4-2』
　人々が必要であったり、望む物に比べて、使えるお金や資源は決まっています。これを希少性といいますが、「希少」は「その数や量が大変珍しく、少ない」という意味です。経済活動で選択の問題は資源の希少性のために起こります。p.16
(2) 中学校検定教科書『社会②』天才教育
　人は望む全ての物を全て持つことはできない。人間の欲求は無限なのに比べて、これを充足させる資源は限定されているためである。これを資源の希少性という。資源の希少性は相対的であって、資源の量が少なくともこれを望む人がいなければ、その費用は希少ではない。これに対して、資源の量がどんなに多くともこれを望む人がもっと多ければ、その資源は希少である。p.51
(3) 高校検定教科書
① 『統合社会』ミレエン
　私たちは人生を生きて行きながら、数多くの選択の岐路に立つようになる。何を食べて、どのような服を着るのかのような些細な問題から大学に進学するのか、就業するのかのような重要な問題に至るまで多様な選択の状況に置かれる。これは人々の欲求に比べ、資源が不足した希少性から生じる。p.132
② 『経済』教学社
　希少性とは
　希少であるということは経済的に多くの意味を持っている。希少性は人々が望む量に比べて、賦存量が相対的に少ないことを意味するためである。したがって、どれほど珍しい物であっても人々が望ましいならば、希少な物とはならず、反対にどれだけ数が多くとも人々が望む量がそれよりもずっと多かったならば希少な物となる。p.17
　希少性と価格
　ある社会の財貨がどれだけ希少であるかを手っ取り早く分かる方法はないのか。簡単な方法がある。まさにその社会で形成された財貨の相対価格体系を見れば良い。もちろん希少な物であるほど相対的に価格が高い。p.17
　希少性と選択
　私たちは世の中で暮らしながら望む物、欲しい物を全て持つことはできない。私たちの所得や時間も、私たちが欲する財貨やサービスも全て希少なためである。したがって、私たちは欲する物の内、一部だけを持ち、残りは諦めざるを得ない。私たちはこれを選択という。p.18

2. 機会費用
(1) 小学校国定教科書『社会 4-2』
　なし
(2) 中学校検定教科書『社会②』天才教育
　私たちは資源の希少性のために望む全ての物を持つことはできないので、常に選択し

なければならない。ある選択をする時、それによって放棄した代案のうち最も大きい価値を持つ代案の価値を機会費用という。例を挙げれば、歌手の公演観覧とフィギュアの購買のうち公演観覧を選択したならば、機会費用は公演観覧にかかるお金とフィギュアの購買で得ることができた満足感の合計である。p.52

(3) 高校検定教科書

① 『統合社会』ミレエン

「世の中にただのランチは無い」という言葉のように、一般的にある一つを選択すれば、他のものを放棄しなければならないが、この時放棄したものの価値をその選択の機会費用という。仮に選択できる代案が三つ以上であれば、放棄したものの価値のうち、最も大きいものを機会費用として考える。p.131

② 『経済』教学社

機会費用＝明示的費用＋暗示的費用

ある選択の機会費用の把握において、最も重要なことは選択の対象を明らかに認識し、これによって放棄された代案が何であるのかを正確に理解することである。機会費用をめぐる大部分の混乱は選択の対象と代案をきちんと理解できないところから発生するためである。このような点で機会費用を明示的費用と暗示的費用に分けて理解することはそのような混乱を避けるのに助けとなる。p.22

3. 合理的選択

(1) 小学校国定教科書『社会 4-2』

経済生活と望ましい選択（大単元）　賢明な選択（中単元）

生活に必要な物をつくること、売ること、買うことと関連する全てのことを**経済活動**といいます。経済活動を行いながら、人々は選択の問題に直面します。p.13

チソビの家族はコンピュータを一台買うことにしました。**賢明な選択**をすることができる方法を考えてみましょう。p.21

(2) 中学校検定教科書『社会②』天才教育

合理的選択は機会費用と便益を比較して、機会費用より便益が大きい物を選択することである。p.52

(3) 高校検定教科書

①『統合社会』ミレエン

選択に伴う便益が機会費用よりも大きい時、私たちは**合理的選択**をしたという p.131.

②『経済』教学社

合理的選択と意思決定段階（小単元）

私たちの経済生活は無数の多くの選択から成っている。合理的選択というのは、いろいろな選択の代案の便益と費用を十分に検討し、便益と費用の差である純便益が最も大きい物を選択することである。私たちが合理的選択を強調し、追求する理由は、それが自身に最も大きな利得になるだけでなく、社会的に資源を最も効率的に活用する方法だからである。市場で服を購入する例を通して、合理的選択の過程を段階的に調べてみよう。p.25

出所：各教科書より筆者作成。

　すなわち、これらの経済概念の学習に関して、系統性が明確に見られることである。学習は、連続でありながら累積的なプロセスであるため、同様の内容や機能が取り上げたとしても、同じレベルでの学習経験が単純な繰り返しではなく、より広範で深く進むことが必要である。系列性というのは、教育課程の設計で同じ学習内容が学年群間および学校間で繰り返して、徐々により高いレベルで深化拡大し提示される原理だとすれば[7]、韓国の経済学習はまさにそのような系列性に基づいて編成されている。

（3）　機会費用、合理的選択という経済概念学習の内容に関する疑問

　希少性の学習内容に関しては問題ないが、機会費用、合理的選択の学習内容に関しては、疑問が生じる。まず機会費用に関して論じよう。中学校社会科検定教科書『社会②』天才教育によれば、機会費用とは「ある選択をする時、それによって放棄した代案のうち最も大きい価値を持つ代案の価値」と規定している。そして、この代案の価値を「公演観覧にかかるお金とフィギュアの購買で得ることができた満足感の合計」と捉えている。高校の経済の授業では、高校検定教科書、『経済』教学社に見られるように、機会費用＝明示的費用＋暗示的費用（opportunity cost=explicit cost+implicit cost）として定式化し、教えている。しかし、先の例を用いれば、代案の価値＝機会費用を合計（明示的費用＋暗示的費用）と捉えるか、フィギュアの購買で得ることができた満足感（暗示的費用）のみと捉えるかは議論があると教えるべきであろう[8]。

　次に、合理的選択についてである。小学校では中学校で学ぶ合理的選択への学習に繋がるように、「望ましい選択」「賢明な選択」という用語を使っているおり、系統性の始発点として位置づいている。日本でも前掲図表11-2で見られたように、中学校で希少性のゆえに選択が生じることを学ぶが、韓国の場合はそれを小学校から学び、中学校からは合理的選択という概念で学ぶ。問題はこの概念の内容であり、またそもそもこのような概念規定が可能であるかである。

　図表11-3の『社会②』天才教育の場合を見てみよう。「選択が合理的であろうとすれば、公演観覧とフィギュア購買の費用が同じ場合、公演観覧から得

ることのできる満足感がフィギュア購買で得る満足感よりも大きくなければならない」と述べているが、ここには重要な点が顕示されている。合理的選択は機会費用を用いて考えられているが、その際には明示的費用を同じくしなければならないという前提である。上記の例では、「…の費用が同じ場合」が実は前提なのである[9]。すると、公演の観覧の満足感とフィギュアの購買の満足感をきちんと比べることができればよいのであり、続く次の文章「これを機会費用に変えて表現すれば、公演観覧の機会費用がフィギュア購買の機会費用よりも小さければ合理的選択である」という考え方が必要であるかは、はたして疑問である。合理的選択を学ぶ方法が合理的でないというアイロニーとなっている。

　他の教科書、例えば『社会②』天才教科書では、「友達とサッカーをして得る満足感と試験勉強をすることのできる時間」（下線、筆者）の例で、便益（前者下線）と機会費用（後者下線）を説明している。便益が機会費用を上回れば合理的選択とするが、「上回れば」ということは、異質な両者（「友達とサッカーをして得る満足感」と「試験勉強をすることのできる時間」）が比較測定可能なことを前提としている。しかし、そのことには無理があり、実証できない。

　また、別の教科書『社会②』ミレエンでは、機会費用という概念は取り上げつつも、合理的選択には適用せず、「英語を勉強する便益と社会を勉強する便益」、このいずれの便益のより大きい方を選択するのが、合理的選択だと記述している。この場合、たとえ両便益（満足度の場合も同じ）が同質のものであると見做したとしても、量られるべき、含まれている量は個人が感覚的、主観的に（多くの場合漠然として）決めることになる。

　韓国の合理的選択の考え方には、個人が感覚的・主観的に捉えた満足度、便益、利得などは間違いがないことを前提として組み立てられている。日本では選択という用語に止まるが、是非はどうであれ、韓国では合理的選択という概念にまで高め、経済学習において積極的意義を与えている。

4　日韓の金融教育比較

　今日、日韓共に金融教育は重要視されている。両国とも社会科では中学校から行われているが、内容は大きく異なる。文部科学省は2008年の中学校学習指導要領社会の改訂で、「現代の生産や金融などの仕組みや働きを理解させる」とし、解説『社会編』の改訂では、そのことは「家計の貯蓄などが企業の生産活動や人々の生活の資金などとして円滑に循環するために、金融機関が仲介する間接金融と、株式や債券などを発行して直接資金を集める直接金融を扱い、金融の仕組みや働きを理解させることを意味している」と提示している。すなわち、企業の資金調達としての金融教育である。

　一方、韓国はパーソナルファイナンスとしての金融教育である。前掲図表11-1に見られるように、「経済生活と選択」の領域で、資産管理、信用管理を学ぶ内容要素としている。この教育課程の部分が教科書でどのように反映されているかを示しているのが、図表11-4である[10]。4～6ページ数の分量で記載されているので、1～2時数の授業で教える内容量となっている。資産管理について見ると、いずれの教科書も生涯周期、すなわちライフサイクル（例えば、幼少年期、青年期、壮年期、老年期）における、所得と消費の一般的な増減傾向を所得（収入）曲線、消費（支出）曲線を描きながら、貯蓄の形成・使用と関連させて論じ、その必要性・重要性を学ぶように構成されている。

　具体的には、例えば『社会②』ピサン教育では、図表11-5のような資料を用いて、「ライフサイクルを調べて見れば、所得が消費よりも多い時期がある反面、消費が所得よりも多い時期がある。したがって、未来に予想される支出だけでなく、予想できない事故や疾病等に備えなければならない。このためにライフサイクルに伴う収入と支出を調べて、長期的な観点から資産の財務計画を立てなければならない」と説明している。

　次いで、持続可能な経済生活のための資産管理の必要性を述べ、「合理的な資産管理のためには、貯蓄や投資の目的と期間を調べ、収益性と安定性、流動性等を考慮しなければならない」と合理的な資産管理方法について教える。最

図表11-4　韓国の中学校社会科教科書における「経済生活と選択」中の
３番目の中単元の内容構成と頁数 ― 各出版社教科書比較 ―

天才教育 『社会②』6頁	天才教科書 『社会②』6頁	金星出版社 『社会②』4頁
金融生活の重要性 1. 資産管理がなぜ必要か ・生涯行われる経済生活 ・資産管理の必要性 ・合理的資産管理 ・多様な金融商品 2. 信用はなぜ重要か ・信用の経済的意味 ・信用管理の重要性	自由市場経済における金融生活 1. 経済生活は生涯周期に従って変化する 2. 資産管理、どのようにするのが良いのか 3. 信用管理、どのようにするのが良いのか	経済生活と金融生活 1. 一生涯私たちはどのように経済生活を経験するのか ・一生涯行われる経済生活 ・資産管理の必要性 2. 金融生活、どのようにしなければならないのか ・合理的な資産管理 ・信用管理の重要性
ピサン教育 『社会②』6頁	Mirae N（ミレエン） 『社会②』4頁	東亜出版 『社会②』4頁
金融生活の重要性 1. 経済生活は一生涯行われる ・生涯周期に伴う経済生活 ・生涯周期に伴う財務計画樹立 2. 持続可能な経済生活のための資産管理 ・資産管理の必要性 ・合理的な資産管理方法 3. 持続可能な経済生活のための信用管理 ・信用の意味と価値 ・信用管理の重要性	持続可能な経済生活 1. 経済生活は一生涯行われる ・一生涯の経済生活 ・生涯周期に伴う経済生活 2. 資産と信用をどのように管理するか ・持続可能な消費生活 ・資産管理 ・信用管理	持続可能な経済生活 資産管理はなぜ必要か ・生涯周期に伴う経済生活 ・資産管理の必要性 ・資産管理の考慮事項 信用はどのように管理しなければならないか

出所：各教科書より筆者作成。

後に、多様な資産管理の方法として、預金・積立、保険、債券、株式、不動産、年金を取り上げ、それぞれの内容と特徴を記述している。この教科書では単元の仕上げとして、資産管理ポートフォリオの作成がある。

　中央教育審議会初等中等教育分科会教育課程部会の審議内容に関する意見募集の結果が2004年に発表されたことがある。「公民に関するもの」に関しては、教育内容に、①経済・金融の仕組みや機能を理解し自ら資産管理ができる、②直接金融の中核をなす証券市場を中心とした市場の仕組みや機能を理解

図表 11-5　ライフサイクルにおける所得と消費曲線

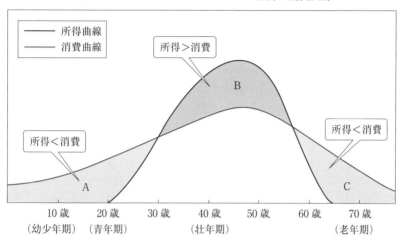

注：『社会②』ピサン教育、p.57 の資料 1 と類似の図である。
出所：ピサン学習百科中学校社会①「資産管理の必要性」
　　　https://terms.naver.com/entry.nhn?docId=3379028&categoryId=58194&cid=5
8193

し、資産ごとのリスクとリターン、リスク分散など投資に関する基本的事項が
わかる、などが指摘されている [11]。

　日本の証券・金融界が強く求め、けれども日本の文部科学省は社会科・公民
教育においてはまだその方向に大きく舵を切っていない、パーソナルファイナ
ンスという実質上、資産運用である投資教育を韓国では義務教育課程の公教育
において実践している。

5　小　　括

　これまでの日韓の経済教育の比較考察から明らかになった特徴は、まず韓国
の場合、社会科における経済領域の全般的な体系が小学校段階から確立されて
おり、中高へと系統性を維持しながらカリキュラムが構成されていることであ
る。ただし、中学校社会科教科書の編成は、拙稿（2018）で論じたように、日
本では地理、歴史、公民的分野とそれぞれ独立しているが、韓国では歴史は

独立しているものの、地理と一般社会（公民に該当）は統合されて、『社会①』
『社会②』となっている。その意味では韓国は個別領域の系統性を維持しなが
ら、統合社会科の性格も強めているといえる。

　次に、希少性、機会費用、合理的選択を取り上げ、焦点を当てて考察した教
科書の事例研究でも、韓国の学校における経済教育の系統性が確認できたこと
である。朴英錫（2018）によれば、高校『統合社会』では教科書によって希
少性を取り上げている場合とそうでない場合があり、生徒の学びに「格差」が
生じることを憂慮している。また、知識要素の学習（事実認識学習）に偏重し
ており、機能要素の学習（問題解決学習や活用・探究学習）が不十分であるこ
とを指摘している。このような問題はあるが、「教育課程の設計で同じ学習内
容が学年群間および学校間で繰り返して、徐々により高いレベルで深化拡大」
する学習の系統性は注目に値するであろう。

　最後に、中学校社会科教科書に典型的に見られる金融教育の内容の違いであ
る。金融へのアプローチが日本は企業の資金調達の側面からであるのに対し、
韓国は個人のパーソナルファイナンスの側面から行われている。そのような日
本の内容は中学校社会科の目的が「社会の機能と役割」を学ぶことにあると考
えるならば、理にかなっている。一方、生徒たちに将来必要になるお金に関す
る知識を与え、資本主義社会で生きていく適応力を身に付けさせることも重要
であると考えるならば、韓国の内容も必要になる。

　韓国の中高の社会科の検定教科書は、トピックや事例に各社の独自な工夫が
されているが、本文はいずれの教科書も構成・内容とも極めて類似している。
検定制度による教科書の画一性は日本以上であろう。今後、教科書出版各社が
もっとそれぞれに特色のある教科書を出版できるような状況が生まれることが
望まれる。経済領域の内容も多様な視点からのアプローチによる記述が行われ
るようになることが、経済教育の一層の発展と充実をもたらすであろう。それ
は日本でも同様である。

裴光雄

※本章は JSPS 科学研究費補助金「日韓中の国際経済リテラシー調査とカリキュラムおよび授業単元開発に関する研究」（研究課題／領域番号：JP15K04428、研究種目：基盤研究（C）、研究代表者：裴光雄、研究期間：2015-04-01 ～ 2020-03-31）の助成を受けたものである。

注

1)　本文では「一定の順序を追って続いている、統一のあるつながり」（『大辞泉』）という意味からしても相応しいし、また一般的にも使われているので、系統という言葉を使う。体系という言葉は「個々別々の認識（＝経済領域、筆者）を一定の原理に従って論理的に組織した知識の全体」という意味で使っている。山根栄次（2017）はスコープ（領域）とシークエンス（排列）という用語を用いている。

2)　2006 年 7 月 6 日に開催された、教育課程部会（第 40 回）の配付資料である、参考資料 1　小・中学校教育の在り方に関する参考資料における各専門部会の主な意見「中学校関係」に掲載されている。http://www.mext.go.jp/b_menu/shingi/chukyo/chukyo3/004/siryo/attach/1397190.htm

3)　例えば、最近では、米国における経済概念とその教育的系統の構成について、山根（2016）が詳しく紹介している。

4)　韓国語は文字通り訳せば、国家経済であるが、意味的には国民経済というのが相応しいため、そのように訳す。

5)　韓国の経済教育の背景にある経済学は、米国のいわゆる主流派経済学が圧倒的な影響力を持っている。学校における経済教育もその影響を受けている。筆者は 2016 年 8 月に韓国経済教育学会の大会において、「日本の経済学参照基準に関する論議の整理と考察」という主題で報告を行った。「何を教えるか」について、経済学の多様性という観点から激しい論争が起こっていることを述べたが、フロアーの反応はそのような様相を理解できないようであった。

6)　選択とは、すなわち意思決定であるから、日本の社会科が目指す合理的意思決定能力の涵養を系統的に行っているといえる。

7)　朴英錫（2018）p.2. 朴英錫は系統性ではなく、系列性という用語を使っている。同論文では、「希少性と選択」の内容を中心に、まず小・中・高等学校の学校級別に学習内容の系列性がどのように表示されているか、次に教科書の該当部分に示された学習内容の分量と時数を調べ、知識要素と機能要素の系列化の程度を分析している。結論としては、大きく 2 点述べている。①希少性に関連する概念と原理は小学校から中学校へは深化拡大したが、高校の統合社会（1 学年必修科目）ではむしろ縮小されたことが分かった。合理的選択に関連する概念と原理は学校級が上がっても、内容の系列性が続いていたが、高校「統合社会」では、「格差」の可能性（教科書によって取り上げる場合とそうでない場合が見られる─筆者補足）もあった。②経済学習の系列性は知識の内容を中心に行われる傾向であった。したがって、学習者の合理的意思決定能力の育成という経済教育の趣旨を念頭に置いて、学習主題と接続

することができる効果的な学習方法についてもっと悩む余地があった。全体的に経済学習の
学校級での機能要素の系列性の観点から「活動テーマ」「学習戦略」「学習条件」「学習の位
階構成」などのより洗練されたアプローチが行われる必要がある。
　　また、崔鍾珉（2018）は、現行の 2015 と以前の 2009 の経済教育課程を比較考察した結果、
「2015 課程では学校級別・学年別の連携性と位階制が一層強化された」と述べている。すな
わち系統性は以前から見られ、継続しており、さらに高まっていると解釈できる。

8)　この点に関しては、市野泰和（2017）pp.4-7 を参照。同論文では explicit cost の訳につ
　　いては明示的費用と同じであるが、implicit cost については潜在的費用という言葉を使って
　　いる。筆者は、機会費用を「選ばれなかった選択肢の中でもっとも価値の高い選択肢の価値」
　　とするならば、それは、潜在的費用のみを指すものと見るのが自然だろう。潜在的費用のみ
　　を機会費用とする見方のほうが、「選ばなかった選択肢の中でもっとも価値の高い選択肢の
　　価値」という定義に対してより親和的である、という氏の見解に、意見を一致する。ただ
　　し「機会費用は重要な概念か」という自身が掲げた論文のテーマでもあるこの問いに対して、
　　消極的な結論を下している点に関しては、意見を異にする。機会費用に関する最近の研究と
　　しては、新井明（2018）と淺野忠克（2018）の両論文も参照。両氏とも問題や困難性を指摘
　　しつつも、一定積極的な意義を提示している。筆者の立場も両氏と同じである。

9)　張景皓（2011）が「機会費用は経済学の核心概念の一つである」と論じるように、韓国の
　　経済教育研究において、機会費用に関する研究は盛んに行われている。例として、韓国経済
　　教育学会の学会誌に最近掲載されたオ・ヨンス（2017）では、学校の経済教育の合理的選択
　　をどのように理解し、教えるかを探求することを目的として研究がなされ、次のような結論
　　を論じている。第1に、合理的選択は、価格（明示的コスト）が同じである諸代替を対象に
　　して、検討しなければならない（ゴチック―筆者）。また、価格が異なる選択肢との間の選
　　択は、不必要な混乱と誤謬が発生する誤った設定で、ここでは合理的基準についての議論自
　　体が無意味である。第2に、価格が同じである代替間の選択で合理的な選択の基準は、純便
　　益の大きさだけでなく、明示的便益の大きさや価格対比便益も同じ結果をもたらしてくれる
　　ので、特定の基準に縛られる必要はない。第3に、合理的選択と合理的消費を区別して記述
　　している従来の教科書は、これを予算の制約下の効用を最大化するための資源配分の問題と
　　して、一貫して記述する方式で改善する必要がある。第4に、学生に対するアンケート結果、
　　代替の純便益、価格対比便益、代替間の相対価格、予算対比相対価格などが選択に影響を与
　　えることが分かった。価格が異なる代替を対象とする次善の選択の世界では、ある一つの基
　　準を提示することはできないが、それでもこれらの要因を総合的に考慮して、選択すること
　　が望ましいことを強調する必要がある。

10)　韓国の中学校社会科検定教科書の種類は7種類であり、図表11-4の6社の教科書以外に、
　　『社会②』志学社がある。この教科書については、拙稿（2018）においてすでに分析してい
　　るため、この論文では考察対象から外している。

11) http://www.mext.go.jp/b_menu/shingi/chukyo/chukyo3/020/siryo/04110901/004/005. htm

引用文献

〔韓国語〕

朴英錫「学校の経済教育における『希少性と選択』の内容の系列性の分析」『経済教育研究』（韓国経済教育学会）第 25 巻 3 号、2018 年 12 月

崔鍾珉「2015 改訂経済教育課程の変化と争点」『経済教育研究』第 25 巻 3 号、2018 年 12 月

張景皓「機会費用と合理的選択」『経済教育研究』第 18 巻 1 号、2011 年 6 月

オ・ヨンス「合理的選択、どのように理解し、教えるのか」『経済教育研究』第 24 巻 1 号、2017 年 4 月

〔日本語〕

山根栄次「学校における経済教育の体系（Ⅰ）」『三重大学教育学部研究紀要教育科学』第 67 巻、2016 年 3 月

山根栄次「学校における経済教育の体系（Ⅱ）」『三重大学教育学部研究紀要教育科学』第 68 巻、2017 年 3 月

市野泰和「機会費用は重要な概念か？」『甲南経済学論集』第 58 巻第 1・2 号、2017 年 9 月

新井 明「機会費用概念の受容と定着に関する一考察—アメリカにおける広がりと日本への波及—」『アジア太平洋討究』（早稲田大学アジア太平洋研究センター）No. 35、2019 年 1 月

淺野忠克「機会費用概念をめぐる最近の議論」『アジア太平洋討究』（早稲田大学アジア太平洋研究センター）No. 35、2019 年 1 月

裴光雄「韓国における経済教育の新動向—2015 改訂中学校社会科教育課程の経済領域を中心に—」『立命館経営学』第 56 巻第 6 号、2018 年 3 月

この章を深く学ぶために

引用文献以外に日本語で読めるものとしては、以下の文献が韓国の経済教育を理解するのに役に立つ。

裴光雄「韓国の教員養成における経済教育」岩田年浩・水野英雄 編『教員養成における経済教育の課題と展望』三恵社、2012 年（第 15 章所収論文）

裴光雄「韓国における小学校社会科経済単元の授業実践に関する一考察—ソウル教育大学附属小学校での授業参観を通じて—」『大阪教育大学紀要第Ⅴ部門教科教育』第 64 巻第 1 号、2015 年 9 月

金景模「韓国社会科教育課程における経済領域の変遷とその特徴—4 次産業革命時代の経済教育の現代的課題—」『経済教育』第 38 号、経済教育学会、2019 年 9 月

あ と が き

　本書は大阪教育大学経済教育研究会のこれまでの研究成果をまとめたものである。あとがきとして、執筆者が集うこの研究会について簡単に紹介させていただきたい。

　大阪教育大学経済教育研究会は、現職教員の研究の場として夜間に設けられた大阪教育大学院実践学校教育専攻（現在は改組され連合教職実践研究科）の裴光雄研究室に所縁のある奥田修一郎や関本祐希を含む4名によって2011年11月に立ち上げられた研究会を母体とする。研究会の当初のテーマは「キャリア教育」であった。しかし研究会を重ねるにしたがってメンバーの問題関心は広がっていき、自らの実践を経済教育研究の視点から検討することによって、あらためて授業についての考察を深めたいとして、2016年8月からはさらに研究を進めるためのメンバーをあらたに募り、研究成果の出版も視野に入れた研究会へと発展していった。この折に岩田年浩先生にご参加いただけたことは、研究会としては大きな励みとなった。現役教員を中心に構成された研究会であるが、2か月に1回程度のペースをもって、本書のベースとなる小学校・中学校・高校の授業実践や授業案の検討を中心として議論を重ねてきた。そして一定の研究成果が蓄積される中で、その研究成果を世に問うための出版を視野に入れて、2017年4月からは、概ね月1度のペースで研究会を行ってきた。

　本研究会の特徴は以下の点にあると考えているが、それは同時に本書の成果を特徴づけるものでもあると考える。

　本研究会の特徴は、小学校、中学校、高校の教員と大学の研究者によって構成されており、相互にこれまで蓄積してきたものを学びあいながら研究の交流を行える点にあると考えている。実際に研究会を体験してみて、このようなスタイルの研究会は体系的に経済教育に関わる理論と実践を深めていくうえできわめて有意義であると思う。

　教育は「何を目的として」そして「何を教えるか」と「どう教えるか」と

いう3つの内容から成立している。経済教育においても同様である。これら
のうち「何を教えるか」と「どう教えるか」において求められることのひとつ
は、教える側の経済概念や諸理論への本質的な理解を深めることであると考え
る。その作業を怠って「どう教えるか」―教え方の工夫に取り組んだ場合に
は、時にその概念や理論の本質を歪めて伝えてしまうことがある。あるいはわ
かりやすくするための平易化が時に本質をはずしてしまい、学ぶ主体に対して
誤解を与える原因にもなるのである。経済概念や諸理論の正確な理解をベース
としてこそ、そのテーマを取り上げ、教えることの意義も明らかにされていく
のではないだろうか。しかし小中高の教員は地歴公民分野すべてを大学におい
て学んだ経験を持っていない。とくに経済分野は苦手であるという声をよく耳
にするが、それは小中高の教員が必ずしも経済学部出身とは限らないこと、そ
して教員養成系大学においても学校教科書が扱う経済（学）のテーマを数少な
い講義の中で網羅的に学ぶことは困難だからである。くわえて経済学は学派に
よってさまざまな経済事象に対する見方が異なることが常である。このことも
経済（学）を教えることのむずかしさを生み出す要因のひとつともいえる。し
たがって経済学者と現場の教員による研究会での議論を通じて、あらためて経
済（学）の考え方や見方、そして多様な見解を知ることは内容豊かな授業を実
践するうえで重要な要素となるであろう。

　そして研究会はメンバー相互の多様な授業実践を学び意見を交わす貴重な
場であった。このような経験交流の場は、日々試行錯誤を繰り返しながら良い
授業の実践を目指している現場の教員にとって有意義であることはいうまでも
ない。大学においても、1980年代よりその授業に注目が集まるなか教育の質
が問われており、一方通行の講義ではなく、双方向授業によって学生に主体的
により深く学ぶきっかけを与えるような授業が求められるようになってきた。
しかし、これまで大学教員は、本書第10章が指摘するように、一部を除いて
はあまり意識せずに講義を行ってきていたのが実体ではないだろうか。講義に
おいてどのようなテーマを取り上げ、そしてどのような授業内容や形式が望ま
しいのか、その解はひとつではないであろう。また大学や学部の性格によって
も異なるので、各々の考えに基づいて行われればよいと考えるが、本研究会の

ように、「どう教えるのか」とこれまで積極的に向き合ってきた小中高の教員の授業実践に関わる取り組みについて研究交流することは、自身の教育を振り返る上でヒントとなり刺激となるものである。そして大学で学ぶ学生が小中高の段階においてどのような経済教育を受けてきたのかを知る機会でもあり、これは今注目されている高大連携に関するヒントを与えてくれると思う。とくに本研究会が教員養成系大学を足場としていることを踏まえれば、あらためて、教えるものとして求められる経済（学）的力量について考える場でもあり、教員養成系大学の経済カリキュラムに対して示唆を与えるものである。そしてそれは最初にあげた「何を目的として」教えるのかについても考えていくきっかけになるであろう。

　さらに、本研究会のメンバーに韓国の経済教育研究に取り組んできた研究者が含まれていることによって、日本における経済教育実践に対して海外との比較の視点を取り入れた研究となっている。この点は、本研究会を、そして本書の内容をひとつ特徴づけるものと考えている。

　以上のような特徴をもつと自負している研究会のこれまでの成果が本書と言えるが、まだ研究の端緒についたところであり、今後のさらなる研究の深化を期してタイトルは『経済教育実践論序説』とした。内容的には不十分なところやいっそうの検討を求められる点が多々あると思われる。読者より忌憚なきご意見をいただき、残された課題や深めるべき論点についてさらなる研鑽を積んでいきたいと考える。

　本書が経済教育に関わり日々奮闘されている方々に何らかの意義を見いだしていただき、経済教育に関する議論にいくらかでも寄与することができていれば幸いである。

高山　新

執筆者一覧

<ruby>安野<rt>やすの</rt></ruby> <ruby>雄一<rt>ゆういち</rt></ruby> （大阪市立東三国小学校教諭、第 1 章）

<ruby>武部<rt>たけべ</rt></ruby> <ruby>浩和<rt>ひろかず</rt></ruby> （大阪市立喜連北小学校長、前大阪市立西生野小学校長、第 2 章）

<ruby>関本<rt>せきもと</rt></ruby> <ruby>祐希<rt>ゆうき</rt></ruby> （大阪府立市岡高校教諭、第 3 章）

<ruby>乾<rt>いぬい</rt></ruby> <ruby>真佐子<rt>まさこ</rt></ruby> （大阪教育大学附属天王寺中学校教諭、第 4 章、第 5 章）

<ruby>奥田<rt>おくだ</rt></ruby> <ruby>修 一郎<rt>しゅういちろう</rt></ruby> （大阪教育大学非常勤講師、大阪狭山市立南中学校元指導教諭、

第 6 章、第 7 章）

<ruby>大塚<rt>おおつか</rt></ruby> <ruby>雅之<rt>まさゆき</rt></ruby> （大阪府立三国丘高校教諭、第 8 章）

<ruby>髙山<rt>たかやま</rt></ruby> <ruby>新<rt>しん</rt></ruby> （大阪教育大学教授、第 9 章）

<ruby>岩田<rt>いわた</rt></ruby> <ruby>年浩<rt>としひろ</rt></ruby> （京都経済短期大学元学長、関西大学名誉教授、第 10 章）

<ruby>裴<rt>べ</rt></ruby> <ruby>光 雄<rt>くゎんうん</rt></ruby> （大阪教育大学教授、第 11 章）

■編者紹介

大阪教育大学経済教育研究会

2011 年 11 月に当初はキャリア教育研究会として設立し、2016 年 8 月から同研究会名で研究活動を開始。同大学院教育学研究科実践学校教育専攻（現在は改編され連合教職実践研究科）の修了生を中心に、現職の学校教員と大学教員が共により良き経済教育の理論と実践を開発することを目的に研究活動を行っている。

経済教育実践論序説

2020 年 5 月 30 日　初　版第 1 刷発行

■著　者——大阪教育大学経済教育研究会
■発行者——佐藤　守
■発行所——株式会社 大学教育出版
　　　　　〒700-0953　岡山市南区西市 855-4
　　　　　電話（086）244-1268　FAX（086）246-0294
■印刷製本——モリモト印刷㈱

ISBN978-4-86692-082-5